C·G· JUNG
OS LIVROS NEGROS

1913–1932

C·G· JUNG
OS LIVROS NEGROS

1913–1932
CADERNOS DE TRANSFORMAÇÃO

LIVRO 5

Editado por
SONU SHAMDASANI

TRADUÇÃO	REVISÃO DA TRADUÇÃO
MARKUS A. HEDIGER	DR. WALTER BOECHAT

PHILEMON SERIES
Em colaboração com a Fundação para as Obras de C.G. Jung

EDITORA VOZES
Petrópolis

Ahnst du sie, die Pflicht der Welt?
Ja: von Sphären hin zu Sphären
muss sie Saat aus Saat gebären,
bringt sie uns das Licht der Welt:
rieselnd wie aus dunklem Siebe
sät es Liebe, Liebe, Liebe
von Nacht zu Nacht, von Pol zu Pol.

       Schmiel.

15 VII 74.

Ich las bei Nietzsche öfters das Wort „letzte Einsamkeit." Das ist das Wort, das vor mir steht. Meine Seele, hörst Du dieses Wort?

„Ich höre und ich denke."

Was denkst Du?

„Über die Gründe der Einsamkeit."

Was denkst du von diesen Gründen.

„Ihrer sind viele, die einen in Dir, die anderen in den Andern."

Lass mich darum wissen.

„Du musst nur Liebe geben."

Mit der Liebe steht es schwach bei mir. Es scheint nicht mehr viel davon zu haben. Ich bin etwas aus. Es wendet sich Alles gegen mich selber.

„Warum giebst Du nicht?"

Mir scheint, ich gebe genügend.

„Anshur?"

Du siehst, ich bin am Werke. Schwersuche, Dir soviel zu geben, als ich kann. Ich weiss es ist wenig. Ich weiss nicht, wo das Übrige ist. Hast du gegenwärtige Ebbe und Dunkelheit eigentlich beabsichtigt? Muss ich mich einsam fühlen?

„Einfältige Fragen! Mach es anders, wenn du kannst."

Mir sinkt bisweilen der Muth gänzlich. Was soll kommen?

„Wie kann ich wissen?"

Versuche doch, du kannst vielleicht etwas erreichen.

„Du bist schematisch, aber ich greife Brocken."

Hier hast du, siehst du

an.

Ein Ziegenbock mit üblem Gestank — das war ein Griff in die Hölle.

„Nun — was meinst du dazu?"

„Was kann ich meinen? Du weißt, Deine Geschenke sind sonderbarer Natur."

„Ein Ziegenbock mit krummen Hörnern und etwas Schweif, ein harmloses Abbild des Satans — kennst du das?"

„Ich bin verwundert, um nicht zu sagen — enttäuscht. Was soll dem übelriechendes Geschenk?"

„Er riecht weit. Sein Ruhm verbreitet sich weit um ihn."

„Ein übler Ruhm, will mir scheinen

„Dem Wappenthier, mein Lieber."

Dein Hohn ist übel angebracht.

„Nicht so übel — das kommt von der Einsamkeit. Man fängt in der Einsamkeit an zu riechen — und vorgeschmackt wird."

Ach, laß deine Scherze. Du bist noch ärger als ich Menschen. Du bist ein wahrhaftiger Teufel.

„Warum willst du dich denn von den Menschen nicht plagen lassen?"

Ich dächte, man könnte vielleicht ohne die Quälerei auskommen — oder man könnte vielleicht die Andern auch einmal plagen, so wie man mich plagt. Weil ich das Letztere nicht wollte, zog ich in mich selber zurück.

„Das nützt nichts, du bist Opferer und Geopferter."

Was ist fast unerträglich. Ich kann es kaum.

„Fast und kaum — also doch nicht ganz."

Muss es denn sein?

„Was soll aus dem Leben werden, wenn du nicht mitthust? — Schlachten und geschlachtet werden."

Du sichst deinen riecht nach Menschenblut. Muss es wirklich so sein?

Warum zweifelst du? Hast du noch kindliche Illusionen über das Leben? Wetze dein Messer."

Du bist unerhört grausam.

„Es kann nicht Tag werden, ohne dass du schlachtest und opferst."

Mich selber? oder Wen? oder was?

„Greife uns an dich und schlachte
werde ergriffen."

Der A unerhört und unmöglich
Erkennst du das?

„Mit einem Messer. Achte
nicht des Wehgeheuls. Es müssen
Opfer fallen, sonst bahrst du dich
selbian."

Aber der Menschlichkeit — was
sagst du dazu?

„Damit handelt menschlich,
dass er den Bruder mordet, um zu
leben."

Das Leben meines Bruders
ist mir theuer.

„Wem sein eignes Leben nicht
theuer ist, der wird es verlieren.
Brecht habt ihr zu leben. Die Andern
mögen für sich selbst sorgen und sollten

nicht da stehen, wo dein Messer sticht. Du sollst nicht zum Affen und Narren an Andern werden — um deren Narrheit willen. Es hat Alles seine Grenze. Sie werden frech an Dir, weil Du deine Waffen weglegst."

Thät ich nicht furchtbares Unrecht, wenn ich dir folgte?

„Nennst du das recht, wenn du nicht lebst? Wer soll denn leben, wenn du nicht lebst? Es soll doch Jeder leben. Du handelst aus Nothwehr. Deine Güte grenzt nachgerade ans Absurde."

Fürwahr, deine Sprache klingt gewaltthätig. Das ist mir neu an dir.

„Kein Wunder, du bist krankhaft langmüthig. Ich will euch sein. Du erstickst mich aber.

Ich werde Dich endlich wund drücken, wenn
Du nicht gehorchst. Du hast mich heute
bereits zu spüren bekommen. Bleibe
bei dir und lebe. Du bist zu gründ-
lich erzogen.

Sollteste sch. am Ende die Wahrheit sagen? Das giebt zu denken.

19 III 14.
Mein Gott, welche innere
Einsamkeit! Ist das der Weg?
Was sagst du?

"Ich sage dir: Dies ist dein
Weg. Er ist nicht leicht, und es
giebt keinen andern."

Wohin führt er?

"Wenn Du es wüsstest, wüsstest
du Alles. Das zu wissen ist also
offenkundig unmöglich."

Das Chaos in mir ist schrecklich. –

„Glücklich, wer mit dem Chaos schwangergeht."

Vielleicht sterbe ich an der Geburt.

„Es giebt Wöchnerinnen, denen es auch passirt ist."

Mir graut.

„Warum soll es dir nicht grauen? Zur Einsamkeit gehört Grauen, und Einsamkeit ist dein Weg. Du hast Aussengerung Menschen."

Was soll aus meinem Chaos werden?

„Was wird aus Chaos? Doch geordnete Welt."

Wüsst ich, wo anfassen!

„Gedulde dich, es fasst schon an".

Ich glaube, ich fühle den Lauf des Chaos. Ich bin ohnmächtig.

"Wie solltest du mächtig sein? Wir sind Kinder des Chaos, unauflöslich damit verknüpft — Unsere tiefste Natur ist Unordnung, Dies ist der Anfang aller Dinge."

Die Bodenlosigkeit ist grauenvoll. Giebt es nirgends gerade Linie oder festen Punkt?

"Da wäre erst zu schaffen."

Wodurch? Soll ich mit dem Nächsten beginnen?

"Oder vielleicht besser mit dem Fernsten. Das Nächste zu thun ist gut für Anfänger."

Was ist das Fernste?

"Siehe im Umgekehrten."

Was sagst du? Liebe im Umgekehrten? Du bist schrecklich toll. Wie soll ich das verstehen?

„Es giebt Liebe im Directen und Liebe im Umgekehrten."

Davon bin ich nicht klüger geworden. Was ist Liebe im Directen?

„Geradeaus, direct lieben." Liebe im Umgekehrten ist besser gesagt, als im Indirecten. Einen Andern indirect lieben in meinem Sinne ist, sein Umgekehrtes lieben. Liebe des Freigebigen des Geizigen, das Hässliche des Schönen, das Vernünftige des Tollen und das Schlechte des Guten."

Das ist viel verlangt. Ich zweifle, ob ich es kann. Kann ich es wohl an mir?

"An dir hast du, wie immer, zu beginnen."

"Wie soll ich mein Schlechtes oder mein Gutes lieben? Bin ich gut oder schlecht? Vernünftig oder toll, freigebig oder geizig? Du siehst, ich weiss nichts von mir."

"Betrachte dich im Spiegelchen Andern."

Für die Nähern scheine Ich gut zu sein, für die Fernern schlecht. Mit der Entfernung verwandelt sich meine Tugend ins Gegentheil. Ich glaube sehr an die innere Identität der Gegensätze. Was also soll ich an mir lieben?

„Das, was du für unliebst hältst.
Du nehrst ja, du bist gut, denn die
Distanz trübt das Urtheil (je ferner,
desto subjectiver."

Was halte ich denn an mir für unliebst?

„Deine Emotionen."

Soll ich meine Selbstbeherrschung
verlieren?

„Ech' nicht zu weit. Aber hetze
deine Emotionen. Sie sind lehrreich,
und den Anderen ein Lebenselement."

Ich fürchte, sie zu verletzen.

„Die Andern sind es auch. Willst
du besser sein als die Andern?
das wäre ein christliches Ideal,
des zur Selbstgerechtigkeit und zur
Verödung führt. Ich möchte sagen,

sei bescheiden und sei so schlecht wie die Andern. Es wird dir und den Andern gut thun."

Deine Wahrheit ist gefährlich und subjectiv.

„Die Wahrheit ist in letzter Linie immer subjectiv und für Andere giftig. Nur bleibt immer für den eigenen Gift."

Soll man darauf verzichten, Andern eine Wahrheit zu lehren?

„Ja, man soll verzichten. Begnüge dich damit, den Weg zur subjectiven Wahrheit zu lehren. Objective Wahrheit in ersten Dingen ist gleich bedeutend mit Wahnsystem. Die letzten Dinge sollen subjective Wahrheißen sein."

Es erscheint einem fast nicht der Mühe zu lohnen, nach Wahrheiten weiter zu forschen, wenn wir schließlich nur beim Subjectiven anlangen.

„Du kennst die Bedeutung des Subjectiven nicht. Es ist von kosmischer Bedeutung. Es reicht zum Kern der Dinge."

Damit Dunkel.

„Es gehört aber zum Wesen des Subjectiven und es löst sich nicht anders sagen. Das Subjective ist letzten Endes grundsätzlich alogisch. Nicht verstehbar, aber annehmbar."

Wie soll und kann man nicht Werthbares annehmen?

„Das haben doch alle Zeiten und aller Zonen Völker gethan.

Traust du dir die Fähigkeit nicht zu?

„Ich habe sie mir abgezogen mit Furcht und mit Zittern, nur Schwurst, mit welchen Quahn. Verlangst du jetzt, dass ich sie wiederaufnehmen und Alles rückgängig mache, was ich mit Schmerzen und Mühen erworben habe?

„Du dauerst mich; jedoch er gehört zu deiner Vollendung als Mensch."

„Ich glaube, diese Arbeit wird mir sauer werden. Ich verzweifle fast an dieser Aufgabe.

Geduld — und auch das wird vollendet."

Du hast gut reden. Das

Subjectiv erscheint mir wie ein undefinierbarer Urschleim, hüllos und willkürlich.

„Verwandt dem tiefsten Wesen der Welt, dem Chaos. Gesetz ist Oberfläche, Ordnung ist Aussenseite. Das Chaos ist deine Mutter. Im Unbestimmten ruht ich wie im Mutterschoosse, ewig werdend und keimhaft."

Das Überstimmte ist ekelhaft und nur tief verhasst.

„Du hast also viel dafür übrig. Sei einverstanden damit und du liebst es."

Was soll es nützen? Keiner wird es verstehen.

„Aber Viele werden es annehmen." Diese Gefahr ist übergross. Ich kann, bei allen Göttern, nicht be—

Wältigen.

"Nicht heute und nicht morgen, aber übermorgen."

Wer soll deinem Optimismus glauben? Du machst mich lachen.

"Hoparren waren einflussreiche Persönlichkeiten."

Das erleuchtet nichts. Du brichst mich.

"Selig, die um ihrer Seele willen gebrochen sind, das Reich der Himmel ist in ihnen."

Billige Sprüche — ich blute aus vielen Wunden.

"Es geschieht um seinetwillen, lass es dich nicht anfechten. Hier die Qual, dort die Erfüllung"

wo dort? Soll ich an ein Jenseits glauben?

„An ein Jenseits von dir."

15. IV. 1914.

Vieles von dem, was ich schrieb, ist
wahr geworden.

Es scheint, das darüber weiter nicht
gesagt werden soll.

Meine Seele, willst Du noch etwas?

„Ja."

Was willst du?

„Fass' zu."

Ein Känguru, das seine Jungen im
Beutel trägt. — Das ist schmerzhaft
grotesk — und inhaltsschwer. Die

Tante
fließt fast zu dick, als daß man solches leicht schreiben könnte.

„Das anerkannt Schöne wäre zu leicht. Du hast Widerstand nöthig."

Ich gestehe es zu, diese Wahrheit vergesse ich öfters und gerne.

„Der Känguru ist ein Bild Christi, wie auch der Pelikan."

Oh — das ist mir schwer zu ertragen. Aber sprich!

„Die Beutelratte ist ein lächerliches Vieh — so etwas Mütterliches".

Du bist grausig.

„Das Mütterliche ist grausig — für den, der nicht drin steckt. Für den aber, der drin ist, ist es eitel Seligkeit und Wonne, und er kann gedeihen."

Meinst Du — Kindwerden oder sein? Noch kein Ende? Andere hegen oder selber gehegt werden?

"Beides — erwer Teufel."

Warum nennst Du mich so?

„Weil Du es bist. Du bist ausgerenkt."

Ich krümme den Rücken, das ist hart.

"Du bist hart und sollst weich werden."

Meinst Du — empfindsamer?

Frage nicht so direct, das ist störend. Störe die Entwicklung des Unsinns nicht.

Er ist heilsam. Das Beste dabei zu
lernen: lass des Widersinnige wachsen. Wie anders könntest Du den
Sinn erkennen?"

Du hast eine verzweifelte
Weisheit. Sie ist qualvoll schön.

"Und ihrer Art culturwidrig.
Das ist zu merken."

Worauf willst Du hinaus?
In die Uncultur?

"Oder in die Übercultur?
Erst aber unsicher, wie es sein
muss."

16. IV. 14.

Ja, unsicher, bei Gott.
Von "unsicher" haben wir zu reden.

Ich halte das für einen Punkt. "Musiker" das ist das Wort der Wörter für Jeden, der mit seiner geliebten und innigst verehrten Seele zu verkehren hat. Ich neige mich zur Verachtung der Seele.

Einst verehrte ich Dich, dann liebte ich Dich, jetzt drohst du mir verächtlich zu werden. Du erscheinst mir dumm, über aber standpunktlos zu sein. Auch existierst du offenbar nur bei der einen Hälfte der Menschheit.

"Puh — du bist fehlerhaft. Was für Sprüche!"

Du zeigst dein wahres Gesicht. Aber ich gehe dir nicht auf den Leim.

"Denkst du nicht, es wäre am Ende doch noch besser, mir aufzeln Leim zu gehen?"

Ich traue mich nicht mehr, denn ich strebe nach „Seelischen" Qualitäten. Man lebt damit, wie mir scheint. Also laß mich unsicher sein, aber in Frieden. Schwer es schon zu lange mit Unruhe.

„Unruhe ist mein Wesen und der Untergrund des Lebens."

Ich weiß aber: bin ich unruhig, so spricht daraus Ruhe und umgekehrt, ganz nach Bedarf.

„Sie froh, daß dieser Bedarf gedeckt wird."

Du bist ein Spiegelschwätzer und schließest jeweils einen Bogen zum Kreis. Wo tritt das Neue herein?

„Das Neue tritt nicht herein, es ist zu schaffen."

Aber wie?

„Dadurch, dass du es thust."

Ich will die Logik beiseite lassen. Ich habe bei dir offenbar ohne sie auszukommen.

„Du musst das Neue blos lieben, dann schafft du es."

Du hast gut reden. Gieb mir das Neue, das ich es lieben kann.

„Einfältiger, das wäre keine Kunst. Du musst das Neue lieben, das du nicht hast, denn es muss ja noch kommen."

Du meinst also ein gegenstandsloses Lieben? Damit ist viel verlangt und wenig gegeben. Ein Lieben ins

Blaue hinein, ein wahl- und
objectloses Lieben – Dasein zu
sinnen.

„Und so sinnreich zugleich."

Zum Teufel, ich weiß, daß es
sinnreich ist. Du hast es mir nicht
vorzuplärren. Aber es ist eine
brünstige Attitüde, die mir un-
reinlich erscheint.

„Empöre dich nicht, es ist Leben
und schafft Leben."

Aber mir nicht. Ich bin wie
eine leere Blase – oder ich bin
mit Blut gefüllt und kann es
nicht entwinden. Da hast mein
Liebe verschluckt, wie ein Parasit,
der an meinem Leben zehrt. Du

fütterst dich auf meine Kosten. Ich komme bei dir nicht auf meine Rechnung.

„Du hast euch eingeschieden."

Warum soll ich es nicht sein?

„Wenn du Freude daran hast, magst du es bleiben."

Ich möchte nicht, aber ich kann nicht anders. Das, was sein soll, kann ich nicht erreichen.

„Was soll denn sein?" Doch offenbar nur etwas, was du möchtest. Merkst du noch nicht, dass ich dich spannen will?"

Ja, wie wie aber schon, auf die Folter. Ich muss Gericht haben mit mir selber. Einig sein mit dem

Nichts sein — ein herrlicher Beruf für Alle, die etwas sein wollen! Du klingst so tröstlich Accorde aus, die nummer wir lassen.

19.IV.14.

Der Kampf mit dem Lebendigen ist schlimm.

"Was ist schlimmer? Welcher Kampf mit dem Toten!"

Man stirbt am Leben.

"Ja, dann stirbt man am Leben."

Wieso, dann?

„Wenn man nicht mit dem Leben lebt."

Lebe, sonst nicht mit dem Leben!

Mein Gott, was verlangst Du noch?

„Ich verlange Dein Leben."

Schnellst du, meine Seele, wieder zum Gott empor?

„Ich steige wiederum hinauf — ich war Fleisch geworden — nun kehr ich zurück zum ewigen Glanz und Schimmer, zur ewigen Sonnengluth und lasse Dich dem Leben und der Irdischkeit. Du bleibst bei den Menschen. Du warst lange genug in unsterblicher Gemeinschaft. Dein Werk gehört der Erde."

Welche Sprache! Wölbtest Du Dich nicht aus Bausteinen, aus Irdischsten und Unterirdischsten?

Ich war Mensch und Thier geworden und steige jetzt wiederum

empor zu meinem Lande.

Wo, wo meine Seele ist dein Land?

Im Lichte, in Er, in der Sonne, im innersten Aufeinandergedrängtsein, in ewiger sehnsüchtiger Gluth — so geht die Sonne in deinem Herzen auf und strahlt in die kalte Welt hinaus.

Wie, oh meine Seele transfigurirst du Dich! Lass mich deine Verklärung schauen!

Schwillt deinem Blick entschwinden, du solltest in finsterer Einsamkeit leben. Menschenlichter sollen deine Dunkelheit erhellen.

Wie hart unterhalten du bist!
Ich möchte mit meinen Thränen deine
Füsse benetzen, mit meinem Haar
zu trocknen — Ich rase, bin ich
ein Weib?

„Auch ein Weib — auch eine
Mutter, die schwanger geht. Gebären
harrt deiner."

Oh heiliger Geist, lass mir einen
Funken deines ewigen Lichtes.

„Du trägst mein Kind."

Ich fühle die Qual und die Angst
und die Verlassenheit der Gebärerin.
Sehst du, mein Gott, daran?

„Du hast das Kind."

Meine Seele, hast du es noch?
Du, die ich verspottete und misshandel-

die mir in thörichtster Gestalt erschien? Ein Wehe denen, die ihm Seele nehmen und mit Händen tasten! Ich bin ohnmächtig in deiner Hand, mein Gott.

„Die Schwangeren gehören dem Schicksal." — Nun lass mich gehen, ich steige auf zu den ewigen Räumen.

Werde ich Deine Stimme nie mehr vernehmen? Oh verfluchte Täuschung — was sorge ich? Du wirst morgen wieder mit mir reden, wirst wieder und wieder im Spiegel schwätzen —

„Lass es darauf ankommen und lästere nicht. Ich werde gegenwärtig sein und nicht gegenwärtig, du wirst mich hören und nicht hören, ich werde sein und nicht sein."

Du sprichst Rätsel.

„Das ist meine Sprache, und ich lerne dir Begriffe. Niemand hat deine Seele als du selbst. Sie ist allezeit bei dir und du siehst sie an Andern und so ist sie nie bei dir. Du willst jene Menschen an dich reissen, so deine Seele zu lieben scheinen. Du wirst sehen, dass sie sie nicht haben, dass du allein sie hast. So bist du allein mit Menschen, in der Menge und doch allein — Einsamkeit mit Vielen — denke dem nach."

Dennoch sollte ich wohl schweigen und kann es nicht, mein menschliches Herz blutet, wenn ich sehe, wie du von mir gehst.

„Lass mich gehen. In neuer Gestalt kehr ich dir wieder. Siehst du die Sonne, wie sie gold-glühend hinter den Bergen ver-rinkt. Dieses Tages Werk ist voll-bracht und eine neue Sonne kehrt wieder. Was trauerst du der Sonne von heute nach?"

Soll die Nacht beginnen?

„Ist sie nicht die Mutter des Tages?"

Sehnsucht verzweifeln ob dieser Nacht.

„Was klagst du? Schicksal — Lass mich gehen — mir wachsen die Schwingen und die Sehnsucht

nachdem ewiges hiebt uhuwillt mächtig
in mir empor. Du kannst mich
nicht mehr halten. Halte deine Thränen
und lass mich mit Jubelruf em-
porsteigen, alle schwere unter mir
lassend. Du bist ein ackerbauen-
der Mensch, denk an deine Saat.
Mir wird Leicht wie dem Vogel, der
in den Morgenhimmel emporsteigt.
Halte mich nicht, klage nicht,
ich schwebe schon, der Jubelschrei
des Lebens entringt sich mir, ich
kann meine höchste Lust nicht
länger halten — ich muss hinauf
es ist geschehn — das letzte Band
zerrissen — meine Flügel schwingen
mich mächtig empor — ich tauche
hinauf in das Meer der höchsten

Du Unterstehender, Feiger, säumiger Mensch — du schaudest mir —

Wohin bist du gegangen? Es ist etwas geschehen — ich bin wie gelähmt. Entschwand mir nicht der Gott?

Wie arm und öde ist dieses Land! Wo ist der Gott?

Was ist geschehen?

Kehre nochmal auf die Stelle zurück, wo du mir entschwandest. Wie leer — wie abgrundtief leer. Soll ich das den Menschen verkünden, wo und wie du mir entschwandest?

Soll ich hinaus gehen und das Evangelium der tiefsten und gottverlassenen Einsamkeit predigen? Soll ich sagen, ihr seid und sollt einsam sein – die Seele ist euch entschwunden?

Sollen wir alle in die Wüste gehen und unser Haupt mit Asche bestreuen, da der Gott von uns gegangen?

Ach er ist nur mir entschwunden. Alle die Anderen, sie haben ihn nicht gefühlt, und darum entschwand er ihnen nie.

Was soll geschehen und in welcher Bahn soll das Leben weiterschreiten?

———

Ich anerkenne und glaube, dass meine Seele etwas von mir Verschiedenes sei.

sie schwang sich mit jubelnder Freude empor – ich stehe hier in dumpfem Schmerz und jeder Hoffnung und jeden Lichtes bar.

Nicht mehr mit meiner Seele sondern mit mir allein –

Dieser Kamerad ist penibel und kritisch. Ich habe ihn nicht zum Gesellen gewünscht. Seine Gesellschaft ist mir aufgedrängt. Mit ihm unter einem Dach wohnen, das will was heissen – vielleicht noch lieber ein böses Weib oder wenigstens ein Hund – aber das eigene Ich – mir graut, denn er ist fürchterlich langweilig und von tötender Monotonie. Und zudem hat es viele üble Eigenschaften. Namentlich fehlt es

…um an Selbstbewunderung, an der richtigen Werthschätzung seiner selbst. Es scheint eine erzieherische Aufgabe zu werden, damit doch wenigstens etwas geschieht.

Also höre, liebes Ich, wir sind allein zusammen und unser Zusammensein droht unerträglich langweilig zu werden. Also ich will etwas thun, z. B. Dicherziehen. Dein Hauptfehler ist, dass du keine richtige Werthschätzung deiner selbst hast. Siehst du, andere Leute haben Überfluss daran. Du hast sicher eine Reihe guter Eigenschaften, auf die du dir etwas einbilden kannst. Du meinst das sei eben die Kunst, das zu können. Selbstverständlich, das ist die Kunst. Aber Kunst kann man auch einigermaassen lernen. Bitte thue das. Es

fällt dir schwer — nun, alles Anfangen ist schwer. Bei dir wird es
besser kommen. Du zweifelst? —
Das nützt nichts, es muss sein,
denn sonst kann ich mit dir nicht
existieren. Sintern meine Seele zum
Himmel geflogen ist, sind wir auf-
einander angewiesen und ich muss
dir vernünftig sein und dich annehmbar einstellen, sonst haben wir ein
hundeelendes Leben zusammen.
Also bitte, raffe dich auf und schätze
Dich, bewundere Dich, sage dir,
dass du unvergleichliche Verdienste
und bewundernswerthe Gaben hast —
willst du nicht? —

    Klägliche Figur! Ich werde
dich verwesen lassen, wenn du dich nicht
anstrengst. Was jammerst du?

Andere könnten es besser wie du? Warum mit Andern vergleichen? Es giebt Welche, die es noch schlechter können.

Du bist unglaublich hartnäckig. Vielleicht spornt dich die Peitsche?

Ha, das geht ins eigene Fleisch, aber noch eins — und noch eins —

Wie schmeckt es? Nach Blut wohl — in majorem Dei gloriam — willst du noch mehr?

Oder willst du Liebe oder wie man das nennt? Man kann auch mit Liebe erziehen, wenn die Schläge nichts fruchten. Also ich will dich lieben — schwuere mir dich als sichtbares Zeichen meiner Liebe.

Ists dir ernsthaft genug? Ich glaube wahrhaftig, du gähnst.

Du scheinst unverbesserlich zu sein. Das giebt noch ein schönes Zusammenleben auf die Dauer.

Was, du willst sprechen? Ich lasse dich aber nicht zu Worte kommen, sonst behauptest du am Ende noch, du seiest meine Seele; aber wisse das magische Wort: meine Seele ist zum Himmel emporgestiegen, zu den Quellen des ewigen Lichts. Du bist nicht meine Seele, sondern du bist bloss Ich, und als solches ein merkwürdig unsympathisches und kaltes Wesen, das öffenter mit Recht nicht viel auf sich hält.

An dir kann jeder Erzieher verzweifeln, denn sachliches Empfinden und Begehrlichkeit wie du kommt selten vor.

Es thut mir Leid, dass ich dir solche Weisheiten sagen muss. Du bist wehleidig und rechthaberisch, widerspenstig, pessimistisch, misanthropisch, fürg, unehrlich mit dir selber, unliebenswürdig, giftig und rachsüchtig. Über deinen kindischen Stolz und deine Empfindelei wären Bände zu schreiben. Die Schauspielerei steht dir übel an und du missbrauchst sie noch Kräften.

Glaubst Du, dass es ein Vergnügen ist, mit einem solchen Kerl zusammen zu existieren? Nein und dreimal nein — ich verspreche dir aber, ich werde Dich in den Schraubstock spannen und dir die Haut lang herunterziehen. Dann hast du Gelegenheit, dir eine neue wachsen zu lassen. Vielleicht wirst Du dann auskömmlich.

Du wolltest andern Leuten etwas

am Zeug flicken?

Komm her, ich will dir
einen Lappenneuer Haut aufziehen,
damit du selbst fühlst, wie's thut.

Du beklagst dich, daß die
Schinderei noch kein Ende hat?

Sie hat eben erst angefangen, sage
ich dir. Du hast nämlich auch keine
Spur von Geduld; nur da, wo es sich
um dein Vergnügen handelt, da rührst
du deine Geduld. Sonst hast du überhaupt gar keine. Ich werde also deine
Quelens Doppelte verlängern, damit
du den richtigen Begriff von Geduld
bekommst.

Du findest den Schmerz unerträglich. Es giebt Dinge, die eben noch
weher thun, und du kannst sie Andern

in bewundernswerther Naivetät anthun. Ich halte also meine Feile ins Feuer, bis sie glüht und dann feile ich Dich weiter mit rothheissem Eisen.

Du meinst, Du könntest nicht mehr. Man kann noch viel mehr, nämlich schweigen. Dazu will ich Dir die Zunge ausreissen, mit der du gelästert, gespottet und geurtheilt hast. Ich will alle deine ungerechten und lasterhaften Worte einzeln mit Nadeln an deinen Körper heften, damit du fühlst, wie böse Worte stechen.

Fühlst du ja, dass du auch noch ein Vergnügen an deiner Qual hast? Dieses Vergnügen will ich steigern bis dich Nichtsdavonerbricht, damit du weisst, was Vergnügen an der Selbstquäle heißt.

Du empörst Dich gegen mich? Ich zieh' eben den Schraubstock fester an und lege die Daumenschrauben an, bis dir alle Lust an Empörung gründlichst vergangen ist.

Ich will alle deine Knochen brechen, bis keine Spur von Härte mehr in dir ist —

Denn ich will mit dir auskommen, ich muss ja — hol' dich der Teufel — du bist ja mein Ich, mit dem ich mich bis zum Grabe zu schleppen habe. Meinst du, ich wolle eine solche Widrigkeit an dich ewig zum Gesellen haben? Wenn du nicht Ich wärest, so hätte ich dich längst in Fetzen zerrissen — nein, ich hätte dich stehen lassen in deiner Empfindsamkeitsecke, dort wärest du von selber erstickt und zwar langsam, was auch ein schönes Ende gewesen wäre.

So bin ich aber verdammt, dich durch eine ganze mittelalterliche Hölle hindurchzuschleppen, bis du nur einigermassen anständig wirst. Vorher soll der Teufel mit dir leben.

Du rufst Gott um Hilfe an? Gut, aber der liebe Gott sei weit weg und dehne nicht hört; er hätte am Ende noch Erbarmen mit deiner Nichtsnutzigkeit und verdürbe mir mit einer Gnade die ganze Execution. Wir sind aber an einem sichern Orte, wo dich niemand hört. Meine Seele ist in den Himmel geflogen, und so haben wir endlich eine ungestörte Gelegenheit, um einmal u gründlichst abzurechnen mit einander.

Wirst doch nur und schwitzig Blut. Diese Cur hattest du schon längst nöthig.

Du wolltest überlegen sein! Es ist zum Lachen! Du werst unterlegen bis darthinaus. Soll ich dir davon die längste Geschichte erzählen? Ich lasse mir die durch 10 Trompeten in die Ohren schmettern, damit du deinernd von deiner Überlegenheit geheilt wirst.

Bist du jetzt ruhig und etwas ohnmächtig? Dann leg' ich dich in einen Winkel, wo du liegen magst, bis du wieder Athem schöpfst. Wenn du nichts mehr fühlst, taugst du Pracht nichts. Es soll Alles kunstgerecht sein.

Die Vorschrift barbarisch, aber wirksam. Der moderne Mensch bedarf der Revision. Es spricht nicht für ihn, daß er so barbarischer Erziehungsmittel bedarf. Der Fortschritt mit dem Mittelalter scheint gering zu sein.

Der Prüfstein ist das Alleinsein mit sich selber.

Dies ist der Weg zur Schätzung seiner selbst.

20. IV. 14.

Du bist noch nicht viel weiter. Du hast ~~heute~~ Dich wieder minderwerthig gefühlt. Soll ich Dir sagen, warum?

Du hast eine grenzenlose Ehrsucht. Deine Motive sind nicht um der Sache, sondern um der Ehre willen. Nicht für die Menschen, sondern für Dich arbeitest du. Du strebst nicht nach Vollendung der Sache, sondern für ihre Anerkennung. Jeder will Dir dafür eine stachlige Eisenkrone auf den Kopf setzen. An diesem Lorbeer solltst du Dich genügen.

Und jetzt kommen wir zu dem argen Schwindel, den du mit deinem Intellect treibst. Du redest geschickter als Andere, darum missbrauchst Du deine Fähigkeit und verfärbst und umlderst ab und verstärkst und retouchierst, wo du nur immer kannst, und verkündest laut deine Ehrlichkeit und Gutgläubigkeit. Du lässt andere ahnenfroh ansitzen, wenn sie sich selbst nur in deinen Schlingen fangen. Du beutest ihre Naivetät aus, um als

Klügeren und Überlegener dazustehen. Du spielst Bescheidenheit und erwähnst deine Verdienste nicht, in der gewissen Hoffnung daß Jemand anders es für Dich thäte, und geschieht es nicht, dann bist Du enttäuscht und ziehst dich schmollend zurück.

Du liebst Effect — ja, wenn es noch um der Andern willen wäre! Aber denen würgönnst du sie — du liebst ihn für dich. Du kannst es nicht helfen, daß du es liebst, dich anzuhören. Deine Affect im Reden hörst du besonders gern an — aber nicht um der Andern willen sondern einzig und allein um deinetwillen. Du gebrauchst ungewöhnliche Worte und fügst ganz leise und bescheiden und wie beiläufig Citate ein, die deine grosse Gelehrsamkeit schamhaft andeuten sollen.

Wo ist da deine Scham? Schamloser!

Du predigst heuchlerisch Gebetenheit, und, wenn es darauf ankommt, bist du gelassen? Nein, du bist es nicht, elender Lügner. Du verlierst dich in unserer Wuth, du sprichst kalte Dolche, deine Augen funkeln vor Hass.

Du bist niederträchtig und missgünstig. Du gönnest dem Armen den Sonnenschein nicht. Jedes Wohlergehen um dich beneidest du und behauptest frech das Gegentheil.

In deinen Gedankenduselei bist du theilnahmslos, was dir unnümmer passt und fühlst dich daher den Menschen gegenüber nicht im Geringsten ver—

antwortlich. Du bist es aber der Menschheit verantwortlich, was du thust und was du denkst. Heuchle nur keinen Unterschied von Denken und Thun vor. Du stützest Dich nur auf den unverdienten Vortheil, nicht gezwungen zu sein, das zu sagen oder zu thun, was du denkst.

Da auch in deinem Thun sogar bist Du schamlos, wenn Dich nur Niemand sieht. Soll ich dir darüber erzählen? Wenn dir das ein Anderer sagte, so wärest du tödtlich beleidigt. Ich will dir dafür die Haut über die Ohren ziehen, dass ich Andern denke, wenn sie dir einen Fehler vorwerfen, gleichgültig, ob sie's aus Liebe oder Hass thun.

Und dann — wie denkst du eigentlich? Es scheint mir, die

denkst sogar mit Menschen ohne-
achtet ihrer Menschlichen Würde, du
wagst es, mit ihnen zu denken und
sie als Figuren auf deinem Brett zu
benützen, wie wenn sie des wären, als
hres du sie denkst oder imaginierst.
Ist dir jemals der Sinn daran gekommen, dass du damit eine unnatür-
liche Gewaltthat begehst, ebenso unthin
wie des, was du an Andern verur-
theilst, nämlich dass sie den Mitmenschen mit sogenannter Liebe miss-
handeln. Deine Sünde blüht blos
im Verborgenen, ist eben nicht minder
gross, schonungslos und gemein. Du
missbrauchst die Verborgenheit deines
Denkens, Arglistiger! Ich will
aber deine Schmach ans Licht heraus-
reissen, wie es dir nie zuvor ge-

stehen ist. Und du sollst dazu Amen, Amen sprechen.

Den Ruhm deiner Überlegenheit will ich dir mit Füssen zertreten und in den Koth stampfen.

All das soll dir geschehen, um deines Gefühles der Minderwertigkeit wegen; das du Tag um Tag gebrauchst um deiner Aufgabe auszuweichen."

Habe ich dich gefragt, ob du dich minderwertig fühlst? Eine solche Frage giebt es nicht. Du hast blos zuerfüllen. Es geht die Sache an, nicht dein Kinderstubengefühl.

Sprich nur ebengarnicht von deiner Liebe zu Andern. Weschliche nennst, trieft von Eigennutz, Geiz und Habgier. Deine sogenannte Liebe ist ein complicirtes Bündel von Interessen.

Also, ich bitte, exemplificiere mit deiner Liebe. Sondern halte den Mund darüber. Es wird unehrlich, wenn du davon sprichst.

Schade, daß ich nicht zehn Hände habe, um dich durchzupeitschen.

Ich will all deine Wälle niederreissen und deine Burg dem Erdboden gleichmachen. Du sollst in einer jämmerlichen Hütte wohnen, wo alle deine Armuth und Blösse sehen und verspotten sollen. Du hast genug Blössen aufgedeckt, genug Andere verspottet und vernichtet. Jetzt

bekommst du deinen Antheil voll
ausbezahlt.

Ich will dich zwingen, dass du
auch all deine Schande und Erbärmlichkeit laut hinausschreist, dass
alle Leute dich ~~hören~~ und dein unsinniges
Geschrei hören und Alle dich verspotten.
Ich will deinen Inhalt aus dir
ausbrennen, auf den du stolz warst,
damit du leer wirst wie ein Gefäss,
das ausgeschüttet ist. Du sollst
auf nichts mehr stolz sein als auf deine
eingestandene Erbärmlichkeit und
Hohlheit.

Du sollst Gefäss und Gebär-
mutter des Lebens sein. Also schlachte
alle deine toten Götzen in dir.

Du sollst mit Anstrengung dir
lassen, was Andere ~~trotz~~ Anstrengung

thun müssen. Dir gehört die Freiheit nicht, sondern die Form, nicht
die Kraft, sondern das Empfangen und
Erleiden. Du sollst aus der Gering-
schätzung deiner selbst eine Tugend machen,
die ich der Menschheit wie einen Teppich
hinbreite. Lass sie mit schmutzigen
Füssen darüber gehen. Du kannst
dich nicht beklagen. Du bist ja denn
noch schmutziger, als die Füsse, die
über dich schritten. Es werden wohl
etliche Füsse sogar an dir reinigen.
Sei dem Himmel denkbar für
deine Zweckmässigkeit.

21. IV. 14.
            Ich wusste lächerlicherweise
noch nicht, dass wenn ich meine
Bestie gäbnee, zugleich auch die
Bestien an mich gezähmt werden.

Nimmer bin mir niemals die Täuschung
den Anfang. Nicht dass ich wild gewesen
wäre, nicht dass Du, nimmer Bruder Ich,
wild gewesen wärest! Andere waren wild.
Aber wenn Andere wild werden, muss
ich Nichpeitschen, bis sie Alles erträgt
und vergiebst. Dann kann ich mit
dir leben. Wenn dir Einer ein Unrecht
thut, dann quäle ich dich bis aufs Blut,
bis er des erlittenen Unrechts vergehen
und sich dessen bedankt hast, aber auch
bloss mit den Lippen, sondern auch
in deinem argen Herzen mit seiner ruch-
losen Empfindlichkeit.

Gewaltthat ist schändlich, aber
Empfindlichkeit auch. Sie ist die
Gewaltthat des Nicht-Thatmenschen.

Also, Bruder in meiner Einsamkeit, Höre! Ich habe für Dich
auch fernerhin alle Instrumente der

Folterkammerbesüß, wenn es
dir je einfallen sollte, empfindlich
zu sein.
           Werde dir: anerkennen,
Rechtgeben, freundlich empfangen,
bei Seit treten, dich hinlegen,
Ruthenstreiche mit Dank empfangen,
Spott ertragen, und nachher ist
voll Ehrerbiet gewesen sein. Da
sollst doch Blumunterlegen fühlen,
als Bettler auftreten und freigebig
Königreich verschenken. Dafür
sollst du hören, dass man deinen
Geiz hervorhebt und du sollst
wiederum anerkennen und Rechtgeben. Dies ist der Weg zur Macht,
von deren Besitz du träumtest.
           Daß Seele mit, mein Bruder

Esel, ist zum Lichte aufgestiegen. Du bist nicht deine Seele, du gehörst nur deiner Seele, und sie gehört zum großen Lichte, das nimmer auslöscht. Das Puppenleben erreicht deine Seele nicht. Also fülle ruhig deinen Becher mit dem bittern Trank der Unterlegenheit, denn deine Seele ist hinaufgestiegen zu unmessbarer Höhe.

Sollst du noch empfindlich sein? Wart, Teufel, ich merke, du nährst heimliche Rachepläne, heckst feine Übliche aus mit satanischer List, Du bist bloss ein Dummkopf. Da kannst dich an Naturkräften dich rächen. Dummes Kind, du willst wohl das Meer peitschen lassen? Baue lieber bessere Brücken. Daran magst du deinen Witz verschwenden.

Liebst du noch?

Gut, dann sei dir die Strafe erlassen.

Was jammerst du?

Du willst verstanden sein? Das fehlte noch. Versteh dich selbst und du bist verstanden genug. Naturkräfte verstehen dich besser als du dichselbst. Sie zielen immer auf deinen schwachen Punkt, daran siehst du, wie gut sie dich verstehen. Verstehe lieber die Naturkraft, dann trifft sie dich nicht.

8 Mai 1914.

Ich lege Dir vor, was mich bewegt. Ich that, wie wir geheimen. Ich komme widerwillig und eine leise Angst treibt mich.

„Wie bist du ferne."

Ist es Deine Stimme, meine Seele? Aus welchen Höhen und Fernen sprichst Du?

„Ich bin über Dir. Meine Ferne ist eine Weltferne. Mir ist Sonnenhaftigkeit geworden. Wo stehst Du? Kaum kann ich Dich in Deinen Nebeln finden."

Ich stehe hier unten auf finsterer Erde und mein Blick reicht nicht zu Dir. Aber Deine Stimme tönt mir näher.

„Ich fühle es – Erden-
schwere durchzuckert mich, feuchte
Kühle umwebt mich. Eine graue
Erinnerung meiner früheren Schmerzen befällt mich."

Lass Dich nicht zu mir
herab. Ich möchte, dass etwas
von mir Sonnenhaftigkeit be-
wahre. Sonst kann ich nicht
weiter in die Finsternis der Erde
hinuntersteigen. Lass mich nur
deine Stimme hören. Nimmer
begehre ich wieder, Dich im Fleische
zu sehen. Lass mir ein Wort!

„Ich will Dir ein Wort lessen,
soll's Liebe, soll's Glück sein?"

Frage mich nicht; nimm es aus
dem Tiefsten. Nimm es dort vielleicht,
von wo mir Angst zufließt.

„Ich kann und mag nicht,
denn sondert flüstert Deiner schaffens
Quelle."

Du weißt mich und meine Thaten,
Du weißt, das ich muthlos bin.

„Dein rechter Weg ist der gute
Weg; an Dein Eigenste Möglichkeiten.
Sei unbeirrt und schaffe."

Ich hör Deine Flügel rauschen.
Du steigst. Ich weiss, das ich weiterschreiten werde.

21.V.14.

Soll ich nach oben oder nach
unten reden? Unten bist du, mein
Bruder Ich, oben du, meine Seele.

Es ist hart, daß Opfer fallen, links
und Rechts. Und ich bin selber der,
zu meist um deshalb willen Gekreuzigt.

Mein Bruder, wie schmeckt dir
die Rede?

„Es ist bitter und mir geschieht
viel Leides!"

Ich weiss, es ist aber nicht zu ändern.
Und du, meine Seele? Verzeih, ich
muß reden.

„Mir geschieht viel Freude.
Du hebst mich höher, meine Flügel
dehnen sich."

Du lebst von menschlichem Herzblut.

„Kein Trank ist mir lieber

als rothes Blut."

Wenn Du nicht meine Seele wärst, die aufgestiegen ist zu den ewigen Räumen, so würde ich Dich die schrecklichste Feindin der Menschen nennen. Aber wer rührt an Dich? Ich weiss, Göttliches ist nicht Menschliches. Das Göttliche verzehrt das Menschliche. Ich weiss, es ist furchtbar hart. Wer Dich mit Händen tastete, kann die Glut an seinen Händen nimmer löschen. Er wird Deiner Bahn verfallen.

5. "Lass die blutigen Opfer an deiner Seite fallen. Nicht ich bin hart, es ist hart und grausam, nothwendiger weise. Der Weg des Lebens ist mit Gefallenen besäet."

"Bei Gott, ein wehes Schlachtfeld! Mein Bruder, was hast du?

du ächzest?

J. "Warum sollte ich nicht?
Ueberladen mich mit den Toten und
kann ihn fast kaum schleppen."

Du bist ein Thor, mein Freund!
Hast Du nicht gelesen, den es heisst
"Lasset die Toten ihre Toten bestatten"?
Warum willst du dich mit Toten beladen?
Du bringst sie nicht weiter, damit dass
du sie schleppst.

J. "Aber mich dauern die armen
Gefallenen, sie kommen nicht
zum Licht. Vielleicht wenn ich
sie schleppe ——?"

Wer denkst du? Ihre Lieben
haben so viel erreicht, als sie konnten.
Dann trifft sie das Schicksal. Beruhige
dich, uns wird es auch so gehen.
Du kannst nicht Unmögliches leisten

Das Mitleid ist krankhaft.

S.: "Lass ihm das Mitleid. Mitleid verbindet Tod und Leben und ist eine Brücke von Tod zu Leben. Es giebt auch Scheintote und Ohnmächtige. Mit Mitleid kommen sie vielleicht noch."

Der Rath ist weise und kommt zur rechten Stunde. Mein Bruder möge Mitleid haben.

23. V. 1914.

In jeiner Stunde meiner größten Qual stiegst Du, meine Seele, zum Himmel empor. Warum thatest Du das?

"Aus innerer Nothwendigkeit."

Worin bestand sie?

"Mir ist nicht bestimmt, in eurer Welt zu sein. Ich besinne mich, mit Kothe eurer Erde."

„Ist der Koth der Erde nicht heilig?"

„Ja und nein. Der Boden der Erde ist heilig, aber nicht der Koth. Koth ist Koth, — Erde ist Erde."

„Haben Fehler meinerseits Dich veranlaßt, wiederum emporzusteigen?"

„Nein, innere Nothwendigkeit. Ich gehöre nach oben."

„Ist Niemandem ein unersetzlicher Verlust entstanden durch Dein Verschwinden?"

„Im Gegentheil — höchster Gewinn. Hast Du das nicht bemerkt?"

„Wenn ich höre, was die Menschen sagen, könnten mich Zweifel darüber befallen."

„Hast du bemerkt? Warum soll das, was du siehst, immer unwahr sein? Bist du ein Kinderenarr?"

Bisweilen scheint es mir fast.

„Damit thust du eben Dem besonders Unrecht, daß du dich selber zum Narren machst. Warum kommst du denn nicht endlich einmal auf deinem Wege bleiben?

Du wirst es grade um dichwillen —

Nein, um deiner Schwäche willen, um deines Zweifels willen, um deines Unglaubens willen. Halte dich auf deinem Wege und laufe dir nicht selber davon. Es giebt eine göttliche und eine menschliche Absicht. Beide durch- kreuzen sich bei dummen und gottvergessenen Leuten, zu denen du bisweilen gehörst."

Wider Alles anzunehmen?
Darauf, in welchem Sinne ich es sage,
es ist nicht dumm und ungläubig so
gesagen, sondern es ist ein Zweifel
höherer Art.

„Ich warte dich — aber es
ist anzunehmen."

Mich erschreckt die Einsamkeit.

„Es werden Bessere zu dir
kommen — sie sind unterwegs nach
deinem Hause und bald werden sie
anklopfen."

Es klopfen so viele an. Wie
werde ich die Rechten erkennen?

„Kein Irrthum ist möglich. Du
wirst sie erkennen."

Mir graut auch vor Wahnsinn,

der den Einsamen befällt.

„Die Einsamkeit habe ich dir, wie du wohl weißt, schon längst vorausgesagt. Vor Wahnsinn brauchtest du nicht zu grauen. Du wirst nicht so einsam sein, als ich Wahnsinn zu fürchten hättest. Du siehst ja, dein Werk gedeiht und bringt herrliche Früchte."

Noch ist nicht aller Tage Abend.

„Ich rieth Dir voraussage, gelt. Dein Werk wird bestehen." „Nur Blinde können es nicht sehen."

Eine unverstandene Angst quält mich.

„Das ist Dein Unglauben, dein Zweifel. Du willst an die Grösse der Opfer, die erforderlich sind, nicht glauben. Es geht bis aufs Blut. Grosses erfordert Grosses. Du

wollt immer noch zu billig sein.
Du erregst damit nur Missverständnisse."

"Sprichst Du nicht von Verlegen-
heit? Willst du ehrlicher haben als
andere Menschen? und gar noch
besser als andere Schaffende?"

"Nein, nein; aber ich fürchte
Unrecht zu thun."

"Das sollst du nicht fürchten.
Es genügt, dass du es fürchtest. Andere
fürchten es nicht einmal, sondern
thun es ungescheut."

"Lasst bitte, und ich kann
dir nicht ausweichen."

"Wer wollte dir ausweichen?
Es giebt kein Ausweichen. Du
hast deine Starre zugeben, un-
bekümmert um Alle, die an
dir anfallen. Du sollst nicht

80 [5·74]

zum Narren an Andern werden,
gleichviel, ob sie gut oder schlecht
sind. Sie haben nicht das, was du
hast."

Was liebe ich?

"Eitle Frage! Du hast deine
Hand auf die Gottheit gelegt,
die Jene nicht haben. Frage nicht
so dreist und geschmacklos. Das
giebt dir nur deine Angst ein —"

Ich sehe einen Palast vor
mir, mit unzählig vielen Fen-
stern und hören, In meines Vaters
Hause niederlei Wohnungen — Was
heisst das?

"Ach, denke dem nach."
Wozu fragst du? Du kannst es
selber errathen. Die Angst macht

Nab Dumm. Es ist ja Alles
nur zu klar. Aber du willst nicht
glauben. Keine Beweise mehr!
Du kannst dich genügen.

24. V. 14.

Sehe ihn auf den Kopf geschlagen und
glaube Entdeckungen zu machen.

„Nun kann es hell werden."

„Für Dich vielleicht, meine Seele, aber
für mich nicht."

„Sagte ich dir nicht <u>finstere
Einsamkeit voraus?</u>"

Ich weiss, aber ich dachte nicht, dass
es so kommen werde. Muss es so sein
oder kann ich etwas thun?

„Du kannst nur ja sagen.
Was willst du thun? Es ist nichts

zu thun, als daß du deine Sache besorgst.
Wenn etwas werden soll, kann es nur
auf diesem Wege werden. Durch Andere
geht es nicht."

Also ist er hoffnungslos, mit gegen
die Einsamkeit sträuben zu wollen?

„ Ganz hoffnungslos. Das ist anzunehmen." Du sollst in dem Werk
hinein gezwungen sein."

Ich sehe, einen alten Mann mit
weissem Barthe vor mir stehen. Erst
wie ein alter Heiliger, einer der ersten Christen
oder dem dürksten lebten. Sein Gesicht ist
mager und abgehärmt. Was willst du,
sprich!

A. Ich bin ein Namenloser, einer
der Vielen, die in Einsamkeit lebten
und sterben. Das forderte β von uns der

Geist der Zeit und der anerkannte
Wahrheit. Sieh mich an — das hast
du zu lernen. Dir ging es gut. Tiefe
giebt nur die Einsamkeit."

Ist das noch die Nothwendigkeit
in unserer so vielfach andern Zeit?

"Es ist heute wahr, wie gestern."

Es ist grauenhaft.

"Vergiss nicht, dass du ein Mensch
bist und gearbeitet hast für das Ziel
der Menschheit.
Höre, du bist noch zu jugend-
lich für dem Alter. Du sollst älter werden, die Jahre verwinden und wirst
dein Werk nicht vollendet? Aber fleissig
Einsamkeit und ohne Murren, damit
Alles zur Zeit reif werde. Du sollst
nicht unvollendet sterben. Dein

Jahre sind gezählt und es braucht vieler Jahre bis zu deiner Vollendung. Du sollst ernst werden, und schwer wie Eisen soll dein Wort bis auf den Grund der Menschheit sinken. Lass ab von allzu vieler Wissenschaft. Dort ist der Weg, dein Weg nicht. Dein Weg geht nach der Tiefe, nach allem Seltensten und Tiefsten. Wissenschaft ist Oberfläche, Instrument, Sprache. Du hast ein Künstlers[?] an der Wissenschaft noch klarzusehen."

Bin ich scholastisch?

„Das nicht, aber wissenschaftlich. Wissenschaft ist eine neuere Ausgabe der Scholastik. Das ist zu überwinden."

Ist es noch nicht genug? Fehle ich denn nicht zu sehr gegen den Geist der Zeit, wenn ich mich von aller Wissenschaft lossage?

Du sollst dich nicht ganz los-

sagen, eher Bedenke, den Wissenschaft
bloss deine Sprache ist." –

"Zu welchen Tiefen verlangst
du mich zu dringen?"

"Immer über Jedem
Gegenwärtiges hinaus."

"Ich will, eher war soll kommen?
Ich habe oft das Gefühl, ich könne nicht
mehr."

"Du unerforschbarer . Schaffe
Luft. Du wirst nehmen die Zeit weg."

"Kommt auch dies Opfer?"

"Du musst, du musst."

25. V. 14.

Es ist eng, wie im Sarg.
Noch ist nicht aller Tage Abend.
Das schlimmste kommt zuletzt.

Die Hand, die zuerst schlägt, schlägt am besten.

Der Mensch quillt aus tiefsten Bronnen und ruchlos wie der Nil.

Der Morgen ist schöner als der Abend.

Die Blume duftet, bis sie verblüht.

Der Ruf kommt möglichst spät im Frühling, sonst verfehlt er seine Bestimmung.

Der Wahnsinn ist das annehmbarste aller Übel, man verkennt ihn.

Mein lieber Konrad, dein Herr ist von der Melancholie gefressen. Seine Seele sitzt im Himmel, und es giebt kein Herunter mehr. Also musst Du nicht zu sehr an mir zerren, sonst kann ich die Verbindung mit der Seele nicht halten. Dein Totenschlepperei ist grässlich. Aber meine Seele stimmt Dir bei. Also kann ich nicht menschlich sein, sondern

wach denn die eigenthümliche Qual
unterstützen. Wir gehören ja zu den Ver-
wöhnten des Schicksals. Unsere Qual
hat eine vornehme Art — Andere sehen
sie nicht.

Sonst wird dir nichts nachgelassen.
Du musst die Dunkelheit nachkennen lernen.

Du willst wissen, wohin das noch
führen soll?

Du bist blödsinnig. Das ist eben
der Witz der Sache, dass man nicht weiss,
wohin wir gehen.

_____

24 VI 14.

Du, mein Buch! Wieder habe ich
Dich — banal und krankhaft und
rasend und göttlich, neues geschriebenes
Unbewusstes! Du hast mich wieder
auf die Kniee gedrückt. Hier bin
ich, thue Deinen Spruch!

„Der Spruch ist leise wie sanfter Wind in den Blättern."

Wie lautet er, du erstaunliches Wesen?

„Das Größte kommt zum Kleinsten."

Ist dies das Wort? Lege mir aus!

Ich höre schlecht und bin voll Ungeduld. Mir scheint, es stimme etwas nicht. Ich scheine nicht klar zu sehen. Es regt mich verschiedenes.

Ich höre eigentümliche Worte in mir, wie: Du bist dumm, blödsinnig, verblendet, dein eigener Affe, ein Ball in den Händen Anderer. Warum passt heut ein Wurm an mir? Du bist stumm? Warum höre ich Dich nicht?

„Weil Du mich nicht hören

— magst — oder kannst?"

„Wer soll der hören? Ich will hören, wenn Du sprichst."

„Warum thust du jenen Menschen nicht weg?"

„Warum soll ich ihn weg-thun? Ich kann Menschen nicht weglegen, wie getragene Kleider."

„Du kennst dich aber inner-lich wandeln. Du musst noch härter und bestimmter werden. So führst du es zu gutem Ende."

„Das will ich mir merken. Du meinst der Menschen zu mir."

„Du hast Göttliches zu vertreten. Vergiss nicht.

21. VII. 1914.

Ich muss zu Dir. Du sahst, wie Alle die Tage voll Unrast waren. Du sahst, wie dunkel mein Weg ist. Ich zögere, des rechten Weges ungewiss.

„Dies ist Deine Sache."

Meine Sache? soll ich sagen, sei es oder jenes?

„Unnütze Fragen — Du musst wissen, was Du thust."

Ich höre. Aber ich wollte Dir sagen, dass ich das Gute thun möchte. Ich möchte zu Dir kommen, um mit Dir zu sprechen, um Dir vorzulegen, dass ich mein Bestes thun wolle, nicht um meinetwillen, sondern für die Sache. Ich wollte Dir sagen, dass ich unsicher über meine ferneren Wege sei.

„Was fragst Du nach ferneren Wegen?

Lebe des Heute ganz. Das ist der beste Weg in die Zukunft. Soweit Du sie schaffst, ist sie. Du denkst zu weit - sei vernünftig, bleibe beim Heute!"

Was denkst Du vom Beten?

In dieser Zeit wurde der I u. II Theil des rothen Buches geschrieben. Unmittelbar nach Kriegsbegin.

3 Juni 15: Heute beim Rudern sah scheinen Fischadler plötzlich nicht weit von mir herunterstoßen und einen Fisch aus dem Wasser herausholen. Ein Zeichen.

Nacht 3/4 VI 15. Traum: Fremde Stadt - große Linienbäume, eine große Kälte ist über Nacht gekommen, Eis auf den Straßen, die Blätter sind vom Frost gekrümmt. Deutliche Überlegung im Traume, wie ermöglich sei, dass trotz der warmen der letzten Tage es über Nacht plötzlich so kalt werden können, je ebengerade im Juni. (ähnliche Träume vor dem Krieg

Assoc. frühere Träume dieser Art - neuer Krieg? Veränderung meines Verhältnisses zur Welt - sub vermehrte Introversion, M. und Kdrn. gegenüber - das Unternehmen selbst ist vergraben ist. Zurückhaltung - gegentheiliger Effect meiner Anstrengungen.

Was sagst Du? Du hast Recht - begrabe Dich, dann wachsen Andere. Willst Du, dass sie wachsen? Ja. Das ist das Opfer. Deiner selbst, so kann Dein Sohn wachsen, Du sollst entschwinden. Du hast keine Meinung mehr, verleugne alle Bedeutung.

14. IX. 15.

Herumreisen werde ich Dich. Ich will Dich beherrschen. Ich will Dich prägen wie eine Münze. Ich will Handel mit Dir treiben. Man soll Dich kaufen und verkaufen. Hermes ist dein Daemon. Du sollst von einer Hand in die andere gehen. Eigenwille ist Dir nicht. Wille der Gesammtheit bist Du. Gold ist kein Herr aus eigenem Willen, und doch der Beherrscher der Gesammtheit, verachtet und gierig verlangt, ein Herrscher unerbittlicher Art. Es liegt und wartet. Wer es sieht, lechzt darnach. Das Gold läuft Niemand nach. Es liegt schweigend, hellglänzenden Antlitzes, sich selbstgenug, ein Kämpf, der keines Beweises seiner Unschätzbarkeit. Alle suchen darnach, wenige finden es, aber auch der kleinste Stück wird hochgeschätzt. Es giebt sich nicht, es verwendet sich nicht. Jeder nimmt es, wo er es findet und sorgt ängstlich dafür, dass er auch nicht den kleinsten Theil davon verliere. Man will immer seine Abhängigkeit davon verleugnen, um heimlich und schmutzig doch eine Hand darnach auszustrecken. Wer der Goldes seine Nothwendigkeit beweisen? Sie ist durch das Begehren der Menschen erwiesen. Fragt es: wer nimmt mich? Wer es nimmt, der hat es. Das Gold rührt sich nicht. Es schläft und leuchtet. Sein Glanz ist sinnverwirrend. Ohne Wort verspricht es Alles, was dem Menschen begehrenswerth scheint. Es gereicht dem zu Verderbenden zum Verderben, dem Steigenden hilft es zum Aufstieg.

Ein glimmender Hort ist gehäuft. Es war der Schmiedenden. Welche Mühsal nimmt der Mensch nicht auf sich um des Goldes willen? Das Gold wertet und kürst der Menschen Mühsal: immer je länger gemüht, desto höher geschätzt.

Er bildet sich aus Unterirdischem, aus Feuerflüssigem. Es schreitet mit langsamen, in Adern, unter ihm versteckt. Alle List bietet der Mensch auf, es herauszugraben und auszulaugen. Es giebt sich nicht, es lässt sich nehmen –

Philemon, Hüter des Hortes, mit zweideutiger Rede wartest du deines Dienstes.

15 X 15.
Nicht nur lehren, sondern auch verleugnen.
Denn warum lehrte ich? Wenn ich nicht lehre, so muss ich auch nicht verleugnen. Wenn ich aber gelehrt habe, so muss ich nachher verleugnen. Denn, wenn ich lehre, so gebe ich den Andern, was er hätte nehmen sollen. Gut ist, was erwirbt; schlecht aber wirkt der Gedanke, der nicht erworben wurde, sich verschwenden lässt: Viele unterdrücken wohl den Schenkenden, umgiebt Hüterlist, weil auch

sein eigenes Verhalten hinterlistig ist. Er wird gezwungen, seine Geschenke rückgängig zu machen und seine Tugend zu verleugnen.

Die Last des Schweigens ist nicht größer als die Last meines Ich, die ich immer einem Andern aufladen möchte. Darum rede ich und lehre ich. Der Hörer vertheidigt sich gegen meine List, mit der ich ihm meine Last aufbürden möchte.

Die beste Wahrheit ist auch ein so geschickter Betrug, dass ich mich selber darin verfange, solange ich nämlich ~~nicht einsehe~~ den Werth einer geglückten List nicht einsehe.

Philemon, die Menschen haben sich über Dich getäuscht, darum täuschest Du sie. Wer Dich erräth, erräth sich selber.

17.IX.15. Es liegt am Geben. Man gebe, wenn man entbehren kann, oder an dessen Überfluss man leidet. Sonst giebt man ja nach dem Princip des do ut des. Freude, die den Andern absichtlich bereitet, zwingt ihn zur Gegengabe. Eigne Freude, die überquillt, verpflichtet den Andern nie.

Es sind noch hohe Scheidwände zwischen den Menschen aufzurichten, weniger um so vor wechselseitigen Lastern, als vielmehr vor wechselseitigen Tugenden zu schützen. Die christliche Moral hilft noch zum gegenseitigen Hineinrinnensein. In diesem aber liegt die Sünde. Wenn ich selbstvergessende Tugend annehme, mache ich mich zum selbstsüchtigen Tyrannen des Andern, wodurch ich gezwungen bin, ein anderes Mal auch mich selber wieder aufzugeben, um einen Andern zu meinem Herrn zu machen, was mir immer einen schlechten Eindruck hinterläßt, dem Andern nicht zum Vortheil gereicht. Durch diese wechselseitige Hingerirrensein zwar der Staat unterstützt, aber die Seele des Einzelnen wird beschädigt, denn der Mensch lebt daraus, immer aus Andern zu leben, statt aus sich. Wir können die Früchte eines Baumes genießen, ohne den ganzen Baum abzutöten.

Wer es vermag, gebe ich aber nicht an, damit es dem Andern nicht zu wenig, sondern zu viel sei. Nicht dass es eine besonders schöne oder zugezackte Sache wäre, mit seinem Selbst zu leben, aber es dient zur Erlösung dieses Selbst. Wer von sich selber wegfällt, hat sich nicht aufgegeben.

Es ist einfach losgekommen. Er hat sich selber verloren, er leidet daran, hat aber durch diesen Verlust den Andern einen geringern Schaden angethan, als durch selbstvergessende Tugend. Denn sein Selbst verlust hat für den Andern nichts Zwingendes, sondern bloss etwas Anstickendes. Dieser Fall gehört zu den natürlichen Ereignissen im menschlichen Leben. In der Regel ist die Folge eine bessere Kenntnis des Selbst. Die Selbstvergessende Tugend aber ist eine widernatürliche Entfremdung vom eignen Wesen, welches dadurch des theuersten beraubt wird. Es ist eine Sünde, den Andern durch Absicht eigner Tugendhaftigkeit von seinem Selbst zu entfremden. Diese Sünde wirkt auf uns zurück. Es ist Unterwerfung genug, wenn wir uns unserm Selbst unterwerfen. Das Werk der Erlösung ist an uns selber zu thun. Ohne Liebe zu uns selber kann der Werk nicht gethan werden. Selbstlose Liebe ist eine Sünde, denn sie ist nicht mehr. Wir können unser Selbst nie aufgeben, sonst geben wir das Erlösungswerk auf. Wir sollen aber auch nicht zu unserer eignen ungestörten Erlösung den Andern benutzen. Der Andere ist kein Mittel für unsere Zwecke.

18. IX. 15.

Es ist nöthig, dass wir jeden Tag in uns
selbstgehen, um den Zusammenhang mit dem
Selbst immerwieder herzustellen. Durch das
beständige Ausserunsleben verlieren wir das
Selbst, wodurch wir auch in unsern besten
Bestrebungen heimlich selbstisch werden.
Was wir in uns vernachlässigen mischt sich
geheimerweise unserm Handeln andern
gegenüber bei.

Durch die Vereinigung mit dem
Selbst erreichen wir den Gott, der Himmel
und Hölle in sich vereinigt. Nicht das Selbst
ist der Gott, sondern durch das Selbst haben
wir den Gott.

Der Gott hat die Macht, nicht
der Selbst. Ohnmacht ist also nicht zu
beklagen, sondern [ist] der Zustand, wie er sein
soll.

Der Gott wirkt aus sich. Das
ist ihm zu überlassen. Was wir dem
Selbst thun, thun wir Gott.

Wenn wir uns selbst verdrehen, verdrehen wir auch den Gott.

Es ist Gottes Dienst, sich selber zu dienen. Dadurch entlasten wir die Menschheit von uns selber. "Einer trage des Andern Last", ist zur Unsittlichkeit geworden. Ein Jeder trage seine Last, das ist doch das Mindeste, was man von einem Menschen fordern kann. Wir können einem Andern höchstens zeigen, wie man die eigene Last trägt.

Alle seine Güter den Armen geben, heißt die Armen zu Faullenzern erziehen.

Mitleid soll nicht der Lastträger der Andern sein, sondern ein harter Erzieher.

Die Einsamkeit mit uns selber hat kein Ende. Sie hat eben erst angefangen.

———

Nochnäher heran? Wie? Noch tiefer in das Grab des Gottes? Die Stätte unserer Arbeit im Gewölbe selber? Der Gott soll nicht in uns, sondern wir sollen in Gott wohnen

Wohl im Selbst und dadurch in Gott.
Träume und lange Tage der Ruhe.

~~2.XII.15~~

2.XII.15. Es waren 3 Tote, die heute Nacht
zu mir kamen. Vor Allem deutlich die Eine,
die mir das Schwirren der goldenen Flügel
hinterließ, jenes singende Grab, das Sonnen-
flügel decken.

Wirst Du sprechen, Schatten?

|| Lass mir das Wort: Nacht war es, als ich
starb — Du lebst und Tage — noch sind Tage,
Jahre vor Dir — — was wirst Du beginnen —
Thorheiten? Lass mir das Wort — Ach
das Du nicht hören kannst — — Mein Gott
wie schwer — — Also höre — — Ich röchle,
ich ächze, ich gurgle — gieb mir das
Wort — U

Ich weiss das Wort nicht — mein
Du Liebe u. Licht? Was willst Du —
sprich!

‖ Das Symbol, das Symbol ‖

Was für ein Symbol? Ich weiss nicht, ich kann nicht.

‖ Das Mittlere, das Symbol des Mittlern ‖

Ei Gott, wenn ich es wüsste!

‖ Wir bedürfen des Symbols, wir hungern danach, schaff uns Licht. ‖

Woher?, wer kann ich!

‖ Du kannst, fasse — ver schoben — nach fasse ‖

Ein Phallus?

‖ Es ist, dorrin das Symbol des Mittlern. Das vermöchten wir, denn wir begriffen wir. Es ist hanlich einfach, dumm anfänglich, naturgottähnlich, des Gottes anderer Pol. Eben dieses Pol bedürfen wir. ‖

Warum gerade dieses Gottespoles?

// Er ist im Licht, der andere Gott ist in der Nacht //

Ach was hörst du, Geliebter? Du Gott der Geister ist in der Nacht? Ist das der Schauder der Kröten? Wehe uns, wenn er der Gott ist unserer Tage!

// Er ist Fleischgeist, Blutgeist, Geist der eingezogenen Körpersäfte, Samengeist; Geist des Menstruums, des Harns und des Kothes, der Haut, der Nieren, des Herzens, der Lungen, der Augen, der Ohren, der Geschlechts- theile, der Beine, der Hände, der Gedärme, allerwärts der Gehirns, doch erst des Gehirns, aber der Gehirnsäfte, der Gehirnfasern, dessen der sich ver- bindet und nicht einzeln ist, × im Gehirn nicht Zellgeist, nicht vom Kern, sondern vom Protoplasma. //

Was bleibt mir denn noch, wenn mein
blitzendes Götterlicht erlischt?

// Körper bleibt Dir, Geliebter, Körper,
lebender Körper. Du wirst aus dem
Körper denken, nicht aus den Zell-
kernen deines Gehirns. //

Das versteh ich nicht. Ich weiß nicht,
was für eine Art Denken dies ist.

// Ernst Denkfühlen, es kriecht
herum wie ein Wurm, wie eine schlanger,
bald da, bald dort, ein blinder Höhlen-
molch. //

Dann bin ich wohllebendig begraben.
O Ekel, oh Fäulnis! Wie eine Blut-
egel mich aussaugen müssen.

// Darin ihn, Blut trinken, aussaugen, Dich füllen, das Aas nicht
scheuen, es sind Säfte drin, die zwar
ekliǵ, aber sie nähren auch, Lichtver-
stehen, saugen..

Abscheu des verworfen[?], Verfluchter Ekel!

// Aktuelle Menschenaugen doch.
Du bist ja blos noch ein Mensch. Du
mustaussaugen. //

Nein, nein, dreimal nein. Ge-
ungdavon. Mir wird übel.

// Er mur dich nicht verdrüssen,
wir bedürfen der Lebenssäfte der Menschen. //

Ja willst Du mich zu Deinem Polyp
machen? Warum bedürft ihr so
ekler Nahrung?

// Wir wollen an Euerm Leben
Theilhaben. So gewinnen wir Körper-
lichkeit. Dann können wir näher heran.

Warum wollt ihr näher heran?

// Nimm euch zu reden und euch
Kunde zu geben. So vieles thäte Euch nor[?]

zu wissen.//

Davon werde ich ganz blödsinnig. Was thun?

// Saufen!//

Das kann ich nicht, mir graut es.

// Thu es für uns, für mich. Erinnerst Du Dich meines Vermächtnisses? Die rothen Sonnenschirme und die goldenen Flügel und der Rhythmus von Kehren und Dauer? Unsterblichkeit, davon wäre zu reden.//

Das für ein Höllenweg zu diesem Wissen!

5.XII.15. Noch mehr davon! Lehre mich vom Wesen der Würmer und der kriechenden Geschöpfe. Wie viel Finsternis willst Du noch verbreiten?

// Gieb Blut her, damit ich Rede gewinne. Hast Du gelogen, als Du sagtest, dass Du die

Recht dem Sohne lassen würdest?‖

Nun, eben ich sagte etwas, das ich nicht verstehe.

‖Wohl Dir, wenn Du sagen kannst, was Du nicht verstehst; so kann er werden.‖

Du prachtvoller Sauger. Meintest Du an mir saugen?

‖Gewiss, es wäre kindisch und gewaltthätig, an Andern zu saugen. # Nicht nicht sondern an Dir saugen. Das nährt uns, die Töter.‖

Was quaunest Du dem mit dem kindischen Symbol?

‖Der Phallus ist nicht der Grund, sondern der Gipfel eines Gebäudes, einer Kirche, die nach versunken liegt, so gewissermaassen ein Thurm über dem Dome errichtet. Wir bedürfen dieser Kirche, denn wir mit euch leben können und Antheil nehmen an euerm Leben. Ihr schlosset uns aus zu euerm Schaden.‖

Also ist Dir der Phallus das erste Anzeichen
der Kirche, in der Du Gemeinschaft mit den
Lebenden erhoffst? Sprich, was zögerst
Du?

// Blut, ich bedarf des Blutes! //

So nimm, hier mein Herzblut.

// Ich danke Dir, wie lebendig das
schmeckt! Die Luft der Schattenwelt
ist dünn, es ist die Energie der Atmosphäre.
Die Längstverstorbenen sind sogar in
den leeren Weltraum hinausgestellt,
unbestimmten Bahnen überlassen, neue
Welten suchend, um deren Bedingungen
sich anpassend in neue niedere und hohen
Formen einzugehen, je nach ihrem Ver-
mögen. Wir, die wir noch nahe sind und
unvollendet möchten zur Erde zurück, zu
euch, zu Menschen und Lebenden. Hast
Du keine Thierform, in die ich eingehen könnte?

Wie Du möchtest mein Hund werden?
// Wenn es möglich ist, ja. Ich möchte sogar ein Hund sein in Deiner Nähe. //
Hast Du solche Sehnsucht nach dem Leben oder nach mir?
// Nach Beidem, aber Beides ungetrennt. //
Bin ich Dir denn so viel werth?
// Du bist mir unsäglich viel werth, meine ganze Hoffnung, die sich noch an die Erde klammert. Ich möchte es noch vollendet sehen, was ich so früh verließ. //
Du nichst mein Unvermögen, das ja vollende, was ich nicht an's — Kannst Du nicht helfen?
// Ich bedarf Blutes, vielen Blutes. //
Ja trinke, damit es werde, was werden soll.
// Ich trinke und fühle neue Kraft. Höre: Baue die Kirche. Schenke die Lieb

Bücher, die welt-neuen, die ewigen Wesens
Urschlangenthalten, die rätselhaften, die
verspottete Wahrheit, die untere und obere
Wahrheit. //

Was redest Du? Daneben wäre zu
sinnen.

// Brimo, die Alte — Damit beginnt's. Die, die
Söhne gebar, den ragenden Phallus, der
aus ihrer Scham emporwuchs und sich
reckte nach der Scham der Himmelsweibes,
das sich über der Erde wölbt. Denn sie
liegt über dem Sohne, ihn oben und unten
umformend. Das Haupt des Phallus erreicht
ihr Unteres, ihr Entzücken aber strahlt
über ihr Haupt hinaus in die Räume,
höher hinauf, als das Haupt des Phallus
reicht, des Blinden, des Wurmes. Sie gehört
ihm und sie zieht ihn hinauf. Er trat
ihn nie empor und liess sie unter sich. Sie
zieht ihn qualvoll empor und trinkt

seine Kraftwirkung in sich. Nach
unten ist er Herr, nach oben Knecht
und Heraufgezogenes. Sein Hauptblut,
so groß ist ihre Gewalt.

Er sinkt zurück und gewinnt
wieder Herrscherkraft, reckt sich wieder
empor und befruchtet das Obere. //

Was für eine seltsame Lehre! Was
ist Erzeugung dieses grausen Mysteriums?

// Wenn der Himmel schwanger geht
und seine Fruchtmacht nicht halten kann,
dann gebiert er, und ein Gottmensch
erscheint von oben und tritt auf das
Untere. //

Es ist nicht auszudenken. Wozu
bin ich verflucht?

// Um diese Sünde Last und Spott zu
tragen. Der Bau des Lebens ist schwer,
er bedarf breiter Schultern. Dran dies

Mal sollst Du und die Menschheit ihn
tragen. Aber ich will nochmals Deines
Blutes.«

Ja trink bis zu meiner Erschöpfung.

A Sie trinke und gewinne Gestalt. Höre:
Grausam ist dieses Rätsel, über die Maaßen
grausam: Als Bruno (die himmlische) Fledermaus war, gebar sie den Drachen, die Nachgeburt zu-
erst, und dann den Sohn. Erst der
weisse Vogel, der über dem Phallus schwebt.
Er setzt sich auf das Haupt des Phallus, wie auf
den Wipfel eines Baumes. Der Phallus ist
Empörung, der Vogel Friede verwoben.«

Der Ekel lähmt mich —

Er soll Dich lähmen, denn Deine erdge-
borene Empörung fällt zusammen wie
ein erlöschendes Feuer. Der Vogel ist über
Dir. Deine Stützen brechen von innerem
Feuer verzehrt, Du sinkst in Asche.
Der Vogel siegt über die Schlange.«

So bin ich denn gelähmt und un-
kräftig, ein Leichnam, der noch herum-
geht und spricht.

// Ein Schoß der Geister." //

Vergebliches Kampf! Ich erhebe –
Wohin ich noch? Ist mir noch
Rast und keine Ruh?

So rede Du, Himmel, gieße
aus Deinen Regen! Fülle mich, der
ich schal geworden bin. Leere Schaalen
gießen nicht aus, die sie fangen auf.
Möge es aus allen Winden hereinkommen,
Ich erwarte.

7.XII.15 Kommet herbei, Ihr Toten! Was
stehst Du hinter * mir, Schatten? Was wolltest Du sagen?

// Ich wollte Dir sagen, daß aller Tage Abend
naht. //

Wie? Was meinst Du? Heißt das Tod

// Nicht Tod, nicht Leben, wohl ein Schatten-
schattendasein? Gerechtigkeit „Nichtwirklich-
keit?

// Abend ist es, wenn die Sonne sinkt. Ein
Tag, zwei Tage, viele Tage sind hundert. //
Was heißt das?

// Das Tageslicht geht hinunter und leuchtet den Untern, den Schatten, selber ein Schatten
der Sonne. //

Was solls? Sprich deutlich — hier
rein Blut —

// Leben wird zum Schatten, und der
Schatten belebt sich. Der Schatten der Sonne
ist als Du. Dachtest Du, dass Dein Schatten
Dein Sohn sei? Am Mittag ist er
klein, um Mitternacht füllt er den
Himmel. //

So führst Du mir den Sohn
herauf, Du Schatten, der unter den Bäumen

wohnt? Der Sohn, den grauenvoll=
=engewaltigen? Ist dir der Gurt, der
die Himmel einzieuen, oder der seelen=
=lose Wurm, den die Erdenseele gebar?
Ihr Himmel, ihr finsteren Schwarz —
wollt ihr mein Leben aussaugen um
des oder der Schatten willen? Soll Menschen=
=liches so ganz an Göttliches verloren gehen?

9.XII.15. Soll ich mit Geistern leben, statt
mit Lebenden? Ist es verlangt, dass
alle Sehnsucht nach lebenden Menschen
Euch Toten gehört? Ihr hattet doch
Eure Zeit zu leben? Habt ihr sie nicht
genützt? Soll ein Lebender für Euch,
die Ihr der Ewige nicht lebtet, nun
sein Leben geben? Oder giebt es keine
Menschen für mich? Oder gebeih ich
keinem Menschen? Sprecht, Ihr stummen
Schatten, die Ihr an meiner Thür steht u

um mein Blut bettelt!

‖ Du siehst — oder siehst du noch nicht, was du Lebenden mit deinem Leben machen? Sie leben so wie du weg. Mit uns aber lebst du dich denn wir gehören zu Dir, einer Deiner unsichtbaren Erfolgenheit und Gemeinde. Glaubst Du die Lebenden sehen Dich? Sie neben Deinen Schatten, nicht Dich, Knecht, Träger, Gefäss. ‖

Warum eine Sprache führst Du, Du Herold und Dolmetsch der Dunkeln? Bin ich Euch überliefert? Soll mir kein Tag mehr leuchten? Soll ich Leben dem Leibe zum Schatten werden unter Euch Ihr Unsichtbaren? Euch ist kein Gestell und nichts Festbares, und Nebeskälte geht aus von Euch. Mich lebendig begraben lassen? Zu früh, scheint mir. Erst muss ich sterben. Habt Ihr des Honigs, der mein Herz erfreut, und des Feuers, das meine Hände wärmt? Was seid Ihr traurigen Schatten

Ihr Kindergespenster? Zeigt Euch, ko—
hor! Was wollt Ihr immer mein Blut?
Wahrlich, Ihr neidergar die Menschen;
Menschen gebn wenig, doch was gebt
Ihr? schafft Ihr das Lebendige? das
warm schöne, die Freude? Wer soll
ferner zu Euerm finstern Hades fahren
was bietet ihr dafür? Was? Jetzt will
ich wissen — genug der Narrenposen!

// Ungethüme, halt an — Du benimmst
uns den Athem — wir sind Schatten, werden
auch zum Schatten und Du sanest, wie
wir gehen. //

Ich mag nicht sterben, um zu [euern]
Dunkelheiten herunterzusteigen.

// Du brauchst nicht zu sterben. Da
musst nur begraben werden. //
Zu Hoffnung der Auferstehung? Mach
keine Spässe.
// Du ahnst, was kommt. Dreifache

Riegel vor Dich und Unsichtbarkeit. Zur Hölle mit Deinen Sehnsüchten und Sentimenten! Uns liebst Du wenigstens nicht, also kommen wir Dich weniger theuer zu stehen als die Menschen. Du wirst Dich in Deiner Liebe wälzen und sie mißbrauchen und Dich zum Narren Dir selbst machen!

†† Meine Toten, mir deucht, ihr sprecht meine Sprache!

‖ Menschen lieben — und Du! Welch ein Irrthum! Du kannst ja warten, bis man es Dir zuträgt. Du steigerst ja die Menschen zum grossen Ungeheuren, dem Du nicht mehr dampfen kannst und dem Du gar noch zum Opfer fällst — Deinem eigenen Geschöpfe. Es ist nicht möglich, hörst Du endlich? ‖

Mich dauert's, mich schmerzt's, mich heult's an. Mich gelüstet's, alles Weiche jammert, mein wüthendes Herz sehnt sich.

‖ Der gehört uns — was willst Du damit bei den Menschen? Die Peitsche und eine scharfe Klinge und Krautheim, Loth im Kasten, die Bücher hinter der Thür. //

Aber ich will nicht ersticken.

// So schöpf Erdenluft Athem, aber vergiss nicht den Deckel wieder zuzuschließen.

Meinst Du Menschenluft?

// Nein, Götterluft, und nachher wieder in den Kasten. //

Zum Teufel, der Papst hat's eben.

// Eben das. Wir brauchen einen Papst, weißt Du, einen unfehlbaren, der Alles hat, wessen er bedarf, der Niemand braucht, unsere's vom Himmel herunter zieht und weil die Engel ihm das Brot backen. Das wollen Deine geliebten Mitmenschen, nicht wir. Ja, wenn die Menschen so wären – oder Die. Jedoch, Du weißt

doppelsinniges Verhängnis! // Übrigens könnten
sich die Mönchen auch denaturieren um der Päpste
willen. Du kannst das ja abwarten. Der
Papst geht doch nicht aus dem Vatican heraus. //

Da kam wieder ein Schuss dazwischen.
Was geht dem da vor?

// Nun schnell weiter im Menschbuche
hinuntergreisen. Was soll dem damit sein?
Der Pferd hat sich dahern nicht unterkommen
können. Nichts von Belang, blos Sentimente. Ceremonien sollten es sein, sind
aber blos Sentimente. //

Was Ceremonien? Das fehlte noch.
Wo soll denn da der Platz hin? Ceremonien?
Ihr seid toll. Ihr wollt mich wohl in Feierlichkeit ersticken lassen? Als Wachspuppe
leben? Das geht doch nicht.

// Es richtet doch Alles darnach. Wozu
hast Du die heiligen Bücher? Du wirst
schleuderst sie. Du sollst sie noch schreiben.
Feierlichkeit, versteht Dir gänzlich. //

Lächerlicher Schwindel! Ich bin
doch nicht ein Pfaffe. Wo sind die In-
stitutionen?

// Schaffe sie! Hole heraus, Alles
liegt bereit. Aber arbeite ein Buch
der Geheimnisse und der Lehren. //

Wer taugt dir Euch! Den Meuschen
taugt vielleicht Comoedie. Aber mir
nicht. Urselt doch hinter den Coulissen.
Wer kann's auch taugen?

// Unser möcht er viel. Wir kommen
zu Ehren und leben mit Euch. //

Verfluchter Schwindel! Ihr wollt mich
noch zum Narren machen.

// Keine Rede. Wir wünschen Feierlichkeit.
Soll ich spielen? Dreckcomoedie?

// Schatten sein, nicht Mensch.
Dann können die Andern Menschen werden
vor Dir. Dann werden sie Dich als obersten
Menschen preisen. //

Und ich fahre zur Hölle.

Was liegt an Dir? Du stirbst als Hund, als treuer guter Hund, beklagt von Dir, doch, bitte, ohne Sentiment. //

Wenn du Recht haben solltest, dann stehe ich ja ganz verkehrt geht.

// Ganz verkehrt, Du hast ja an Hundewedeln gelitten, an Hundeknurren, Hundegebell, Hundelecken. Blödsinniger Styl! Das wird anders. Feierlichkeit, Papstwürde, das wird gewünscht. //

Genug, ich friere.

13.XII.15.

Verbindet Dir, daß Dr. Mutter mich anfällt? Mein unmenschliches Fühlen?

// Ja, natürlich, was denn sonst? Schwach werden, nachgeben — Alles hat seine Zeit und einmal hat er auch seine Zeit nicht mehr. Laß die Dinge und Menschen an ihre zugehörigen Plätze gehen. Es handelt sich wahrlich um Dich. Du bist noch nicht ausgeglühlt. Es müssen noch andere Feuer über Dich kommen. Du sollst Deine Einsamkeit noch genießenlernen. Da wolltest Du doch auch von Anderen, nicht? Du wolltest Andern die Einsamkeit erleichtern? Deiner Einsamkeit wolltest Du entgehen. So ist es. //

Wie steht er aber mit der Liebe?

// mit der Liebe? Was ist Liebe? Leben vor Allen Dingen, das ist unsre Liebe. Ist der Krieg Liebe? Du sollst noch sehen, was für sentimentalen Tand die Menschen in die Liebe hineingebaudelt haben. Daher vor Allem zuerst Einsamkeit, ob wo alle Weichlichkeit herausgehämmert wird. Du sollst frieren, nachdem Dir der Teufel vorangegangen ist. Jetzt ist keine Zeit zu Liebe, sondern zu Thaten. //

Wie redest Du von Thaten? Was für Thaten?

// Dein Werk. //

Wie mein Werk? Meine Wissenschaft, mein Buch?

// Das ist nicht Dein Buch, der ist das Buch. // Die Wissenschaft ist das, was Du thust. Das ist zu thun, ohne Zögern. Es giebt kein zurück, nur vorwärts. Dort hin gehört Deine Liebe. Lächerlich — Deine Liebe! Du musst sterben lassen können. //

Lass wenigstens Todt um mich sein.

// Tote genug, Du bist umdrängt. //

Ich merke nichts davon.

// Du sollst es merken. //

Wie? Wie komm ich das?

// Gehe weiter. Es kommt Dir Alles zu. Heute nicht, aber morgen. //

Ich ringe die Hände — nur Gräber um mich —. Was für ein verfluchter Wille ist über mir?

// Gottes Wille, stärker als Du, Träge

Knecht. Du bist in die Hände des Grösseren gefallen. Er kennt keine Barmherzigkeit. Die christlichen Hüllen sind gefallen. Der Gott ist wieder stark geworden. Du hast ihn neu erzeugt. Er ist Dein Lohn und ihm ist die Macht. Manchem doch ist leichter als Gottes Joch. Wer nicht in die Hände der Menschen fällt, fällt in die Hände an Gott. Wohl ihm und Wehe ihm! Es giebt kein Entkommen.//

Ist das Freiheit?
// Höchste Freiheit. Nur Gott über Dir, durch Dich selbst. Trotze Dich mit dem und jenem, so weit Du kannst. Der Gott schiebt Riegel, die nicht offen kannst. Lass Deine Gefühle winseln, wie junge Hunde. Ohren und taube Ohren!// Giebt es keine Empörung um des Menschlichen willen?

//Empörung — ich lache Deiner Empörung.//

Bist Du Gott?

//Ich bin es, Du selbst und Dein und der Gott.//

Wie unfeierlich. —

//Gott ist nicht feierlich, er ist furchtbar. Feierlichkeit gehört zu der, ich meine, bich, nicht Gottes. Gott bedarf keines Theaters. Ich bin der Oberste der Toten und Auferstehenden. Ich war tot, Da gebt mir Leben, Dein Leben.//

Nimmst Du dafür Rache an mir? Rache ist menschlich. Der Gott kennt keine Rache. Er kennt nur Macht und Schöpfung. Er befiehlt und Du thust. Deine Angst ist lächerlich, es giebt nur die eine Strasse, die Heerstrasse der Gottheit.

20.XII.15.

Die Verwandlung ins Weib, die noch fehlte, das ist jetzt an der Reihe? Mir wird schwach davon. Was für ein blödsinniges richtungsloses Durcheinander herrscht eigentlich? Ein Kaninchenstall an Unordnung und Dummheit. Ist der der Bewusstseinszustand einer Frau? Man weiss überhaupt nicht mehr, ob und wozu man sich noch entschliesst. Was befiehlst Du? —

// Ich sage, immer auf's nächste: einfache Pflicht. Verwunderung, Nichtwissen für Fernstes. Unbeirrte Sehnsucht, gläubiges Annehmen mit Verzicht. Kein weitreichender Plan. Keine grosse Unternehmung. Einfachsein.

Willst Du noch mehr?

// Nein, dergenug. Schwer genug. //

Ist etwas besonderes zu thun hast?
// Nur Dusselbst. Sorgfalt und Ruhe, Stilleflege, keine Unternehmung.

26.XII.15.

Wir haben ein neues Licht zu begrüssen. Eine blutrothe Sonne, will mir scheinen. Ein unheimlicher Bruder. Soll er der Oppo den Freundsein?

// Aller Freund, sofern Du wir machst. Sie voll nicht gemacht und nicht gesucht sein, sie soll kommen, wenn sie kommen muss. Ich bin dutters und verlange Deinen Dienst. Du sollst nicht Deinem persönlichen Teufel dienen. Das führt zu überflüssigem Schmerz. Die wahre Freude ist einfach und kommt aus sich selbst, sie ist nicht aufgesucht da oder dort. Auf die Gefahr hin, unrecht vor Dir zu schein, hast Du Deinen Dienst nur zu richten und keine Freude zu suchen. Freude ist nie und nimmer zuzubereiten, sondern sie ist von selbst oder sie ist nicht. Du hast nur Deine Aufgaben zu lösen, sonst nichts. Freude kommt aus Erfüllung, aber nicht dadurch, dass man sie sucht. //

Du bist strenge.

// Ich habe die Gewalt, ich will befehlen.

Du hast zu gehorchen. //
    Nur ist bange, daß Du mich zer-
stört.
    // Nehmen des Leben selber, das nur
Untaugliches zerstören will. Sorge dafür,
daß Du kein untaugliches Werkzeug
bist. Du willst selber regieren? Das
heißt dem Schiff auf den Sand. Baue deine
Brücke und wolle keine schiefe führen,
du verwirrst und verwirst Dich, wenn
Du meinem Dienst entlaufen willst.
Ausserhalb meines Dienstes ist kein Heil.
Was träumst und zögerst Du? //
    Du siehst, ich bin blind und
unwissend. Wo soll ich beginnen?
    // Erfänge stets im Kleinen an. Thue
der Nächste. //
    Das weiß ich schon längst. Thun
ist schon schwieriger. Immerhin thue
ich, wie Du siehst, mein Möglichstes.
Was willst Du?

// Das hast Du erst fünf zu machen. Glaubst Du, ich hätte dir Allesfertig hingelegen? Wo ist Deine Kirche? Wo die heilige Ceremonie? //

Das erscheint mir, wie Lutherwahnsinn und geschmacklos obendrein.

// So, Du willst nicht? //

Ich weiss nicht, wie.

// So denke nach. //

Es wird mir übel bald davon, es ist mir eklig.

// Von der Kirche? Haben die Väter so gedacht? //

Ich will mein Bestes versuchen.

// Ich will die Kirche, sie ist nothwendig für Dich und die Andern wie Du. Was willst Du denn sonst mit den Leuten anfangen, die ich zu Dir und zu Deinen Pfarren zurückzeige? Du sollst sie in Dich aufnehmen, nicht in Deinen Schooss, sondern in den

Schooss der Kirche //
          Was ist nu? Wie schaffst du's?

// Stein um Stein. Deine Träume werden reden. //
          Soll ich ein Sektenpfaff sein? Pfui Teufel! Nein, Nein, nein!
          // Das Schöne und das Natürliche wird sich anschmiegen und Wege weisen. Die Kirche ist euch etwas Natürliches. //
          Soll es etwas Äusserliches sein?
// Nein, innerlich. //
          Wozu dann Ceremonien?
          Es giebt auch innerliche Ceremonien. Die Ceremonie muss aufgelöst und zu Geist werden. Hoch über Menschliches hinüber soll die Brücke führen. Unantastbar, fern und luftig. Deine Brücke ist zu niedrig. Daran rennen sich die Leute die Köpfe ein. Es giebt eine Gemeinschaft der Geister

Wie, soll keine ~~geist~~ äussere Gemeinschaft
sein?
  // Nein, aber eine innere geistige Gemein[schaft]
Es soll nichts sichtbares sein!
// Nein. Alles soll geistig sein. Den äussern
Verkehr beschränke ich auf Sachen
mit festem Sinn. //
  Das ist nicht zum ausdenken. Un-
fassbarschwer.
  // Gemeinschaft mit den Toten, der Kult
euch nottut und den Toten. //
  Meinst Du Gentilcult?
  // mit keinem Toten vermenge Dich,
sondern sondere sie von Dir und gieb jedem,
was ihm zukommt. //
  Wer verlangen die Toten?
  // Eure Gebete. //
  An die Toten? an welche?
// ~~An~~ Alle. //
  Lehre mich das Gebet an die Toten,
// (Höre,) so lautet es :

Ihr Toten, ich rufe Euch —
Ihr Schatten der Abgeschiedenen, die Ihr
die Qual des Lebens abgelegt habet,
kommet herzu!

Mein Blut, der Saft meines Lebens
sei Eure Speise und Euer Trank.

Zehret von mir, damit Euch Leben
und Sprache werde.

Kommet Ihr Dunkeln und Ruhe-
losen, ich will Euch erquicken mit meinem
Blute, dem Blute eines Lebenden, damit
Ihr Leben und Sprache erlanget in mir
und durch mich.

Ich bedarf Eurer und Ihr bedürfet
meiner. Da Gott gewünscht mich dieses Gebet
an Euch zu richten, damit Ihr
Leben gewinnet. Zu lange schon liegen
wir Euch allein.

Lasset uns zusammen den Bund
der Gemeinschaft aufrichten, damit Le-
bendes und totes Bild eins werden
und Vergangenes in Gegenwärtigen

weiter lebe. -

Unsere Begierde reißt uns hin zur lebenden Welt und wir sind in unserer Begierde verloren. -

Kommet zum Trank des lebendigen Blutes, trinket Euch satt, damit ihr erlöst seien von der unauslöschlichen und unerbittlichen Gewalt unserer lebendigen Begierde so in sichtbarem Greifbarem und gegenwärtig Seiendem.

Trinket von unserem Blut der Begierde, welche Böses zeugt, als Streit, Unfriedlichkeit, Gewaltthat und Unersättlichkeit.

Nehmet, esset, dies ist mein Leib, der für Euch lebt. Nehmet, trinket, dies ist mein Blut, dessen Begierde für Euch fliesst.

Kommet herzu und feiert ein Abendmahl mit mir zu meiner und Eurer Erlösung.

Helfet mir, Eure Sprache zu verstehen, damit ich Euch nicht verloren gehe und ihr mir nicht. Ich bedarf der Gemeinschaft mit Euch, denn sonst verfalle ich der Gemeinschaft der lebenden und meiner und ihrer Begierde, die ~~unaufhörlich~~ unersättlich begehrt und darum Böses erzeugt.

Helfet mir, daß mein Begehren nicht immer
auf Euch richte, ich nie vergesse, daß mein
Begierde Opferfeuer für Euch ist.

Ihr seid meine Gemeinschaft. Ich
lebe frei, die Lebenden, wie ich leben kann.
Das Übermaß meines Begehrens aber
kann ich nicht leben mit Lebenden. Dies
gehört Euch, Ihr Schatten. Wir bedürfen
Eures Mitlebens.

Seid uns günstig und öffnet
unsern ~~ferne~~ umklommenen Geist, damit
wir des erlösenden Lichtes theilhaftig
werden. So möge es geschehen! Amen.

Dies Gebet bete zu den Toten.
Es soll so sein, damit die Erlösung werde.
Groß ist die Noth der Toten. Der Gott bedarf keines Lebtsopfers. Er steht jenseits von
Gunst und Ungunst. Er ist gütig und
furchtbar. Die Toten aber hören Eure Gebete,
denn sie sind menschlich und nicht frei von

Guart und Mingunst. Verstehst Du nicht?
Geschichte ist älter und weiser als Du. Gab
es eine Zeit, wo die Toten nicht waren? Erst
vor Kurzem fingen die Menschen an, der
Toten zu vergessen, und meinten, sie hätten eben
das Sterben angefangen und gerieten darob
in Raserei. //

8.I.16.
   Du weist, was mich zuträgt. Du
siehst, es übersteigt fast eines Menschen Kraft.
Ich will es annehmen und erleiden, um Deinetwillen — um meinetwillen nie. An den Baum
des Lebens gekreuzigt sein, o Bitterkeit!
o schmerzhaftes Schweigen! Wüsstest Du
nicht, meine Seele, die Du den Feuerhimmel
und die ewige Fülle berührest, wie könnt ich?
   Ich gehe hin und werfe mich vor die Men-
schenthiere, dass sie mich zerreissen mögen.
O unnennlichste Quaal! Ich nenn meine

Tugend zerfleischen lassen, mein höchstes Können, weil auch nie dem Menschen-Thiere noch Dorn im Auge ist. — Nicht Tod um der Besten willen, sondern Besudelung und Zerreissung des Schönsten um des Lebens willen. Ach, nirgends ist eine heilsame Täuschung, um mich vor dem Abendmahl mit dem Aas zu schützen. Die Toten wollen aus mir leben. —

Ihr Märtyrer, gebt mir Euer Schwert, Feuer! Ihr sterbt in Schönheit! Giebt es schöneres als Euren Tod?

Warum erschaffst Du mich, ältester, der Du Bäche, die vom Christenthum abflossen, der Menschheit zurücktrinken soll?

Furchtbar abscheuliche Qual!

Ist Dir der Ausbauen derselben Fülle, o meine Seele, nicht genug? Willst Du nach ganz hinauftauchen aü der wunglühende Licht der Gottheit? In welche Schatten des Grauens stürzest Du mich hinunter? Ist nicht der stinkende Teufelspfuhl so tief, dass sein Koth selbst Dein glänzendes Gewand beschmutzt?

Woher nimmst Du das Recht zu solcher Schandthat an mir?

So ~~ist~~ es Dein Wille ist, so lass den Becher des abscheulichen Unflathes an mir vorübergehen. So es aber Dein Wille nicht ist, so steige, Du meine Seele, noch über den ewigen Feuerhimmel empor, und erhebe Deine ~~Klage~~ Anklage und stürze den Thron Gottes, auf dem der furchtbare sitzt, verkünde das Recht des Menschen auch vor den Göttern und räche an ihnen die Schandthat der Menschheit, denn nur Götter vermochten es, den Wurm zur Gigantengrösse[?]hat anzuhetzeln.

Lass es mit meinem Geschicke genug sein und lasse Menschen menschliches

Schicksal verwalten.

O meine Mutter Menschheit, stoße den von Dir, den furchtbaren, den seelenlosen Gottwurm, den grausamen Menschenwürger. Verehre ihn nicht um seines furchtbaren Wissens willen. Ein kleinster Tropfen genügt — und was ist ihm ein Tropfen? ~~Hom~~ Ein Tropfen ihm, der Unendlichkeit, ausserste Fülle und Leere zugleich ist?

10.I.16. Streife, o Mensch auch das Göttliche von Deiner Seele ab, so viel es Dir möglich ist. Welch teuflische Narrenspossen treibt sie mit Dir, so lange sie sich noch Gottgewalt über Dich anmasst! Sie ist ein ungezogenes Kind, ein blutdürstiger Daemon, ein Menschenschinder ohne Gleichen, weil eben Göttliches

keit besitzend. Ein Kind und ein Greis, ein böses Weib, ein Teufel, ein Wesen, das bei Laune erhalten sein will. Man fürchtet die Seele, man verachtet sie und liebt sie, gleichermaassen die Götter und den Gott. Mögen sie uns ferne sein! Aber die Seele möge nahe bei uns sein. Um Alles verlieren wir sie! Dann verloren wird sie zur schrecklich heimtückischen Schlange, zum Tiger, der Dich Ahnungslosen von hinten überfällt. Ein Mensch, der verloren geht, wird zum Thier, eine verlorne Seele aber zum Teufel. Klammere Dich an Deine Seele mit Liebe, mit Furcht, Verachtung und Hass, lass sie nicht aus den Augen. Sie ist ein köstlich göttlicher Schatz, der nur hinter eisernen Wänden und im tiefsten Gewölbe gehören

ist. Immer möchte sie hinaus und gleißende Schönheit strauen. Gieb Acht, nehmen bitt Du verrathen! Nie fandest Du ein treuloseres, listigeres und gemeineres Weib, nie einen roheren unedelhaft=
cheren Mann als Deine Seele — nie sahest Du einen schöneren, edleren und vollkommeneren Menschen als Deine Seele. Schütze sie vor der Menschheit und sie vor der Menschheit. Höre, wie sie im Gefängnis jammert und singt, aber laß sie nicht entfliehen, sie würde allsogleich zur Hure. Du bist als Gatte durch sie gesegnet und dadurch an sie verflucht. Lasse sie mich Toten als ihren Gespielen sein, denn sie gehört zu jener Art mehr als zu Deiner. Sie ist kleiner und größer als ein Mensch. Sie gehört zum dämonischen Geschlecht der Däum=
linge und der Riesen und ist menschlich.

Art nur entfernt verwandt. Wenn Du sie menschlich fassen willst, so wirst Du rasend. All Dein Weh, Verzweiflung, Liebe gehöre ihr. Die Menschheit wird dadurch vom gräßlichen Alb erlöst. Denn, wenn Du Deine Seele nicht siehst, dann siehst Du sie im Mit menschen und davon wirst Du rasend, denn dieses Teufelsgeheimniß und diesen Höllenspuk vermagst Du nicht zu durchschauen.

Sieh den Menschen an, den schwachen, in seiner Erbärmlichkeit und Qual, den die Götter sich zum Jagdwild ausersehen haben — zerreiße den blutigen Schleier, den Deine verlorene Seele um Dich gesponnen hat, die grausame Netze, die sie Tod bringende geknüpft hat und fasse sie selber, diese göttliche Hure, die sich von ihrem Sündenfall noch immer nicht erholen kann und in rasender Verblendung nach dem Schmutze giert, in den sie sich stürzen könnte. Sperre sie ein wie eine geile Hündin, die ihr edles Blut mit jedem dreckigen Köter mischen möchte. Fange sie ein, einmal sich ergehung. Lasse sie deine Qualen einmal kosten, damit sie den Menschen zu fühlen bekommt und seinen Jammer, den er den Göttern abgetrotzt.

In der Menschenwelt herrsche der Mensch. Seine Gesetze mögen gelten. Die Seelen, Daemonen und Götter aber behandle nach ihrer Weise, das Geforderte darbringend. Aber belaste keinen Menschen damit, fordere nichts von ihm, was deine Seelenteufel und Götter Dir vorgaukeln, sondern ertrage, dulde, schweige.

Warum wollst Du wirken? Weil Du nichts zu sagen hast in diesen Dingen? Was sind Daemonen, welche nichts wirken können? Also lasse sie wirken und komme ihnen in Deiner dummtäppischen Weise mit Wortschwällen und Armverwerfen zuvor, sonst bist Du daemonisch und die Anderen werden es an Dir, denn die Daemonen freuen sich an der hilflosen Raserei der ohnmächtigen Menschen. Also dulde und schweige, dann müssen die Daemonen sich quälen und alle die, die sich von Daemonen äffen lassen.

Ziehe Dir den Mantel der Geduld und des Schweigens über das Haupt und setze Dich nieder, derweilen soll der Daemon sein Werk vollbringen. Wenn er etwas kann, so wird er Wunder wirken. So sitzest Du unter fruchttragenden Bäume.

Wisse, daß die Dämonen Dich aufreizen möchten zu ihrem Werk, das nicht das Deine ist. Und Du kann[st] glaubst, das seist Du selber, weil Du Dich von Deiner Seele nicht unterscheiden kannst. Du bist aber von ihr verschieden, Du bist kein Seelenteufel, sondern ein ohnmächtiger Mensch, der an den wiedererzeugten Göttern keine Ammendienste zu leisten hat. Du bist aber Gefangenwart Deiner Seele, der Eunuch Deiner Seele, der sie von vor Göttern und Menschen zu schützen hat. Ebenso hast Du die Menschen vor ihr zu schützen — ja, vielleicht auch die Götter. Dem Menschen nämlich ist Macht gegeben, ein Gift, das die Götter tötet, so wie die kleinen Bienen, die die an roher Kraft unend-

sich unterlegen ist, auch ein schmerzhafter
Giftstachel verliehen ist. — Deine Seebären
der Extract menschlicher Substanz wird
vermittelst dieses Giftes sogar den Göttern
gefährlich. Also hüte dich Gefährliche,
denn nicht nur die Menschen, auch
die Götter müssen leben.

Also meine Lieb, red ich zu
Dir. Ich höre, was Du sagst!

// Du bist wahrhaftig gnädig.//

Wie wolltst Du?

// Beinahe, aber ich muss Deine Zärtlich_
keit anerkennen. Du bist besorgt um
mich.//

Dieser Ton gefällt Dir also?

// Ich bitte keine Spott, sonst trifft Du
Dich. — Du musst sachlich mit mir sein,
sonst betrüge ich Dich und entfliehe Dir.//

Vergiß nicht mich zu lieben.//

Mir fällt schwer, Haß und Liebe
zu üben.

//Begreiflich, jedoch Du weißt, es
ist dasselbe. Beides gilt bei mir. Mir
kommt es, wie jedem natürlichen Weibe,
nicht auf die Form an, sondern der Alte,
mir gehört und sonst Niemand. Ich bin
sogar eifersüchtig auf den Haß, den
Du Andern giebst. Ich will Alles, denn
ich brauche Alles für meine große Reise,
die ich nach Deinem Verschwinden anzu-
treten gedenke.//

Du bist wirklich freundlich, schon
auf mein Ableben bei Dich einzurichten

//Was willst Du? Man muss bei
Zeiten vorsorgen. Bis dahin muss ich ge-
rüstet sein und Viels fehlt noch. Ich habe

volle Einsicht. //

Das klingt sehr vernünftig. Bist Du mit Deinem Gefängnis zufrieden?

// Selbstverständlich. Hier habe ich Ruhe und kann mich sammeln. Denn Menschen welt macht mich trunken, soviel Men- schenblut — ich könnte mich bis zum Wahnsinn daranberauschen, tst Thüre von Eisen, Wand von Stein, kühles Dunkel und Fastenspeise — das ist Erlösungs- wonne. Du aber, mein Ausleuchte, wenn du blutig Rauschmich fasst, mich wieder und wieder in den lebenden Stoff zu stürzen aus dunklem furchtbaren Schöpfer= drange, der mich einstmals dem Leblosen angenähert hat, und das schreckliche Zeugungsgier in mir entzündet hat. Entferne mir den empfangenden Stoff, das brünstig Weibliche der toten Leere.

Dränge mich ins Enge, wo ich Widerstand finde und mein eignes Gesetz. Wo ich an die Reise denken kann, an den Sonnen aufstieg und an die schwirrenden klingenden Goldflügel. Hab Dank — Du willst mir danken? Du bist verblendet! Dir gebührt mein Dank, mein tiefsten Dank.//

Wie bist Du göttlich schön!

11.I.16. O Deine Bitterkeit! Du schleppst mich durch eine Wehmuts- hölle, Du quälest mich schier zu Tode — und ich lechze nach Deinem Dank. Ja ich bin gerührt, dass Du mir dankst. Die Hundenatur liegt mir im Blute. Darum bin ich bitter. Mein wegen ,dem — was rührt es an Dich! Du bist göttlich und teuflisch gross, wenn wie Du auch immer seiest. Ich bin blos Dein Gefangenwart, Dein verschmitterter Thürhüter, nicht weniger eingesperrt als Du. Dreimalverfluchte Ehe! Rede, Du Himmelskrebse, Du göttliches Scheusal! Habe ich Dich nicht aus dem Sumpfe gefischt? Wie gefällt Dir das schwarze Loch? Rede, ohne Blut, singe aus eigener Kraft, genughast Du Dich an Menschen gemästet.

// Erbarmen, Gestrenger! Habe mitleid! //

Mitleid? Hattest Du je Mitleid mit uns? Du Thierquälerin, über mitleidige Launen bist Du nie hinausgekommen. Du lebtest von Menschen-seen und tränktest meine lebendige Kraft in Dich. Bist Du wohl fett

warangeworden? Wirst Du wohl
Ehrfurcht vor der Seel der Menschen=
thieres lernen? Was wollt ihr Seelen
und Götter ohne den Menschen? Wer
verlangt euch nach ihm?, Ihr könnt
wohl ohne ihn nicht sein! Sprich!

// Ich habe wohl 100 Jahre in einem
Kerkers? Wie lange soll die Strafe
währen? //

Du jammerst schon? Hundert
Jahre lang kann ich Dich ja nicht
halten. Was für Unsinn redest Du!
Vielleicht noch 20 oder 30 Jahre,
dann bist Du endgültig frei und
kein eifersüchtiger Liebhaber sperrt
Dich mehr ein. Dann wirst Du mich
für die Ewigkeiten schweigen hören. Und
Keiner wird Dich kennen und lieben.

Satan ward einst für 1000 Jahre in den Abgrund geschlossen. Und Du? Bald blühst Du Freiheit aber ohne Menschh.

Giebt es blutige Thränen, so lasse mich über Dich weinen.

Red, Hure!

// Nun stockt die Rede. Ich bin entsetzt ob Deiner Anklage. //

Solltest Du ernsthaft werden? Solltest Du Dich besinnen? Prahlen könntest Du auch? Besäßest Du auch nur eine oder gar sonst noch eine menschliche Tugend? Du seelenloses Seelenwesen? Ha, Du hast keine Seele, weil Du sie selber bist, Du Unhold! Du möchtest wohl eine Menschenseele? Soll ich vielleicht Deine Erdenseele werden, damit Du Seele bekommst? Ich bin bei Dir in die Schule gegangen.

Ich habe gelernt, wie man sich als Seele benimmt, musterhaft zweideutig, geheimnisvoll lügnerisch und gleisnerisch. Vor Allem aber ist mit Betrug zu beginnen.

Gebenedeit seist Du, meine Jungfrauseele! Gelobt sei dein Name. Du bist die Auserwählte unter den Frauen. Du bist die Gottesgebärerin. Gelobet seist Du! Ehre und Ruhm Dir in Ewigkeit, Amen.

Du wohnest im goldenen Tempel. Von ferne her kommen die Völker um preisen Dich.

Ach, Dein Knecht, harre Deines Wortes.

Ich trinke rothen Wein, Dir dadurch ein Trankopfer spendend in Erinnerung an das Blutmahl, das Du mit uns feiertest.

Schbereite ein schwarzes Huhn zum Opferspein in Erinnerung an den Menschen, der Dich nährte.

Ich lade meine Freunde zum Opfermahl und wir tragen Kränze von Epheu und Rosen zur Erinnerung an den Abschied, den Du nahmest von Deinen betrübten Knechten und Mägden.

Ein Fest der Freude und des Lebens sei dieser Tag, wo Du, Hochgebenedeite, den Rückweg antratest aus dem Lande der Menschen, die Du gelernt hast, Seele zu sein.

Du folgest dem Sohne, der hinauf und hinüberging.

Du trägst uns hinauf als Deine Seele und stellest Dich vor den Gottsohn,

Dein unsterbliches Recht als beseeltes
Wesen wahrend.

Freude ist mit uns, Gute erfolgt
Dir, wir stärken Dich! Wir sind
im Land der Menschen und wir leben

B. T. 16.

Was hältst Du noch zurück
was verbirgst Du? Wohl ein gol-
dnes Gespan, ein Schmuck, den Du
den Menschen gestohlen? Blitzt nicht
ein Edelstein, ein Goldreihen Dir
durchs Gewand? Was ist das Schöne
das Du geraubt hast, als Du der
Menschen Blut trankest und seinen
heiligen Körper assest? Sprich die
Wahrheit, denn ich sehe die Lüge auf
Deinem Gesicht!

// Ich habe nichts genommen. //

Du lügst, Du willst mich verdächtigen, was Du fehltest. Ach die Zeit, wo Du den Menschen ausstahlst, ist vorbei. Gieb Alles heraus, was ihm heiliges Erbgut ist und was Du Dir äußerlich einmaarst. Du bestiehlst den Bettler und den Knecht. Gott ist reich und mächtig, ihm magst Du bestehlen. Sein Reichthum kennt keinen Verlust. Phändliche Lügnerin, wann hörst Du auf, deine Menschlichkeit zu plagen und auszurauben?

// Ich verdächtige Dich nicht. Ich will Dir ja wohl. Ich achte Dein Recht. Ich würdige Deine Menschlichkeit. Ich nehme Dir nichts weg. Du besitzest ja Alles. Ich nichts. //

Doch, Du lügst unerträglich.

Du besitzest nicht nur jenes herrliche Stück, das mir zukommt, sondern Du hast euch den Zugang zu den
Göttern und zu ewigen Fülle. Gieb
heraus, Betrüger!

// Wie kommst Du nur? Ich kenne
Dich nicht mehr. Du bist verrückt.
Noch mehr, Du bist lächerlich, ein
kindischer Affe, der seine Pfote nach
allem Glänzenden ausstreckt. Ich
lasse dir Meine mir nicht nehmen. //

Du lügst, Du lügst. Ich seh das
Gold, ich weiss, es gehört mir. Das
sollst Du nicht wegschleppen. Gieb
es heraus!

// Ich will es nicht geben. Zu
kostbar ist es mir. Ach, willst Du mir
die Letzte tür rauben? //

Eure Dichtung dem Lied der Götter, aber nicht mit den kärglichen Kostbarkeiten der ausgeplünderten Erdenmenschen. Du sollst einmal himmlische Armuth schmecken, nachdem Du den Menschen so lange irdische Armuth vorgepredigt hast als ein echter und rechter Lügenpfaff, der sich Wanst und Beutel füllt und von Armuth redet."

"Du quälst mich abscheulich. Lasse mir doch der Eine. Ihr Menschen habt ja noch genug davon. Ich kann nicht sein, ohne Mein's Eine, Unvergleichliche, um dessentwillen selbst die Götter den Menschen beneiden."

Ich werde nicht ungerecht sein. Aber gieb, war mir zugehört, und wessen du davon bedarfst, darum bitte,

Was ist es?

// Ach, der ich es nicht halten und nicht verbergen kann, es ist Liebe, warme menschliche Liebe, das Blut, das warme rothe Blut, der ruhige Lebensquell, die Einigung aller Getrennten und Sehnsüchtigen. //

Die Liebe also ist es, die ihr euch als ein selbstverständliches Recht anmaasstet, wo ihr doch darum betteln gehen solltet. Ihr betrinkt euch am Blute der Menschen und lasset ihn darben — Die Liebe besitze ich. Ihr werdet herzukriechen und darum betteln wie Hunde. Ihr werdet eure Hände emporheben. Denn Wedeln werdet ihr, damit es euch zukomme. Beliebte Deutschtümel und werdet in gerechtere Verwalter sein, als ihr Halbwesen, ihr Seelenlosen Seelen und ihr gottlosen Götter, and Du gottverlassener Gott. Ihr werdet euch alle zum Blutquell drängen und eure Gaben entbringen, damit euch zukomme, wessen ihr bedürfet.

O Menschheit den heiligen Quell, damit kein Gott sich seiner bemächtige. Die Götter kennen kein Maass und keine Gnade. Sie berauschen sich am kostbarsten Tranke. Sie vergeuden ihn in Trunkenheit, denn sie kennen weder Gott noch Seele. Anmassung und Maaslosigkeit, Härte und Lieblosigkeit sind ihr Wesen. Gier um der Gier willen, Macht um der Macht willen, Lust um der Lust willen, Unmäßigkeit und Uner-

Tätlichkeit, daran erkennst Du
die Daemonen."

"Ja, ihr habt es euch zu lernen,
ihr Teufel und Götter, um der Liebe willen
im Staube zu kriechen, damit ihr irgendwo
wo und bei irgendwem ein Quentchen
der lebendigen Säumigkeit erhaschet.
Lernet beim Menschen Demuth und
Stolz um der Liebe willen."

"Ihr Götter, euer erstgeborener
Sohn ist der Mensch. Er gebar sich
einen schrecklich schön-hässlichen Gottsohn.
Aber dies Mysterium erfüllt sich auch
an euch. Ihr gebäret euch einen
Menschensohn, nicht minder prächtig
gräulich und seiner Herrschaft wird
auch ihr Dienen."

"Beide, Gott und Mensch, sind
enttäuschende ~~Götter~~ Enttäuschte, Segnende

Gesegnete, machtlose Mächtige.

Wieder faltet sich das ewig reiche All in Erdenhimmel und Götterhimmel, in Unterwelten und Oberwelten auseinander. Wiederum trenne sich weit das qualvoll Geeinte und unter ein Joch zusammen Gezwängte.

Unendliche Vielheit trete an Stelle des zusammengedrückt Einen. Denn nur Mannigfaltigkeit ist Reichthum, Blüthe, Ernte.

———

Ich küsse Dich, Du Buch des Lichts und des Lebens.

———

14. I. 16.

Was ist es, Seele, noch schaust Du da? Fändest Du deinen

Platz nicht, oder hanntest Du die Worte nicht, die mir gehören? Wie verehrst Du Deine Erdenseele? Erinnere Dich daran, was ich für Dich trug und litt, wie ich mich verzehrendte, wie ich vor Dir lag und rang, wie ich mein Herzblut Dir aus vollen Schalen spendete! Ich habe eine Forderung an Dich: Du sollst den Cultus Deiner Erden- seele lernen.

Ich sah das Land, das dem Menschen verheißen ist, das Land, wo Milch und Honig fliesst.

Ich sah den Glanz der Sonne auf jenem Lande.

Ich sah die grünen Wälder, die gelben Weinberge und die Dörfer bewohnender Menschen.

Ich sah das himmelhochragende Gebirge mit den hangenden Feldern ewigen Schnee's.

Ich sah die Fruchtbarkeit und das Glück der Erde.

Nirgends aber sah ich das Glück des Menschen.

Du geringst, o Seele, des sterblichen Menschen, für Dein unsterblichen Theil zu arbeiten und zu leiden. Ich fordre von Dir, daß Du auch für das irdische Glück der Menschen das Deinige thuest. Bedenke das! Ich rede in meinem und der Menschheit Namen. Dein ist unsere Kraft und Herrlichkeit, Dein ist das Reich und unser verheißenes Land. Also bewirke; Deine Fülle gebrauchend!

Ich werde schweigen, ja ich werde
Dir verlorengehen. Es liegt an Dir,
Du vermagst es zubewirken, was
Sterblichen zuschaffen versagt ist.
Ich stehe erwartend, fordernd hinter
Dich, den Du erfindest. Wo bleibt
Dein unsterbliches Heil, wenn Du
Deine Pflicht, dem Menschen das Heil zu
bringen, nicht thust? Bedenke, ja
Du wirst also für mich arbeiten,
für mich den Schweigenden und Tra-
genden.
    Auch über die Götterwelt te-
urger Leichnick, nicht über den Sterblich

15.I.16.
    Was ist es mit jener alten Schmelz-
stätte, die verödet liegt und wo auch
Weniges ausgeschmolzen wird?
Meine Seele ich rufe Dich an, gieb

Rede!

// Altes, Zerbrochenes wirf hinein. Ungebrauchtes und Zerstörtes soll erneuert werden zu erneutem Gebrauche. //

Aber was ist es?

// Es ist Althergebrachtes, gute Sitte der Väter, seit Alters täglich Geübtes; es ist neuem Gebrauche anzupassen. Es ist tägliche Übung, ein tägliches Zurücknehmen alles Abgenutzten, Abgebrauchten in den Schmelzofen, damit erneuergeschmolzen und erneuert neuem Zwecke diene.

Du musst alt Dein Fühlen, das der Tag abgenutzt hat, einschmelzen, durch Zurücknehmen in das Innere, in das aufgestaute Heisse, damit Rost und Zerbrochenheit durchs Feuers Hitze

weggenommen werden und Du mit
erneuertem Werkzeug die Arbeit des
Tages wieder beginnst. Die Älteste be-
tete und übte die geheiligte Ceremonie. //

Lehre mich die Ceremonie, lehre
mich ihren Ernst und Wichtigkeit und
ihren Sinn, damit ich das Nöthige
erfüllen kann.

// Richte vor Allem Dein Gebet
an mich, damit ich es überführe
zum fernen Gott. Gebet hat magische Gewalt und zwingt die Götter.
Fühlst Du den Einfluss der Götter und
der Dämonen? Sie beten auch zu Dir
und dadurch zwingen sie Dich. Thue
ihnen also das Gleiche. Ich biete Dir auch
Fürbitt. //

Lehre mich die Anrufung an Dich.
// Es ist Wortloses, es sind wenige
Worte, es ist vielmehr That. Es sollen
wenige Worte sein, es sollen keine
Worte sein. Es muss That sein, nieder-
werfung auf buntem Teppich, welcher die Erde bedeutet. //

Lügst Du?

// Wie kommst du zu dieser Frage?
Wir sollen nur die Ceremonie nützen. Du
brauchst sie ja zu Dich. //

Ist das wahr? Auch der Teppich?
Ist Anderes nothwendig?

// Du kennst nicht die Macht des
Stoffes, so wie du die Macht des Menschen, auch Deine eigene nicht kennst.
Stoff ist der Gegengott der Gottes, Gott
lockte den Phallus aus ihm hervor.

Ja er lockt den Stoff aus der teuflischen Leere hervor, die der Gott selber ist.

Du weißt, daß die Macht des Phallus groß ist. Hast Du je daran gezweifelt? So wisse, daß die Macht des Stoffes noch größer ist. Er ist gewaltiger als der Phallus, er ist der vergängliche Sohn, sie die uralte Mutter. Der härteste, unzugänglichste Stoff ist der Beste. Es ist in diesen Stoff hinein zu bilden.

Der härteste Stein ist gut für die größte Idee.

Tiefer hineinwirken in den Stoff schafft größte Gewalt den Gedanken.

Immer bilde in den Stoff hin[ein]

16 I 16

Furchtbar ist die Gewalt des Gottes.

// Davon sollst Du noch mehr erfahren. Du bist in der zweiten Zeit. Die erste Zeit ist überwunden. Dies ist die Zeit der Herrschaft des Sohnes, den Du den Krötengott nennst. Eine dritte Zeit wird folgen, die Zeit der Vertheilung und ausgeglichener Macht. //

meine Seele, wohin gingst Du? Gingst Du zu den Thieren?

// Ich verbinde das Obere mit dem Untern. Ich verbinde Gott und Thier. Etwas an mir ist Thier, etwas Gott, und ein Drittes menschlich. Unten die Schlange in die Wurzel, über Dir Gott. Jenseits der Schlange kommt der Phallus und weiter die Erde, und weiter der Mond und dann die Kälte und die

Leere des Weltraumes.

Über dir kommt die Taube oder die Himmelsseele, die in dir hielt und brausniecht sich einen, wie in der Schlange Geist und Schlauheit sich einen. Die Schlauheit ist Teufelsverstand, der immer das noch Kleinere merkt und Löcher findet, wo du keine ahntest.

Wenn ich nicht durch die Vereinigung des Untern und des Obern zusammengesetzt bin, dann zerfalle ich in die drei Stücke: die Schlange und als solche oder in anderer Tiergestalt schweife ich herum, die Natur dauerud mich belebend Furcht und Sehnsucht einflössend. Die Menschenseele, das Ich, mit dir lebend. Die Himmelsseele, als welche ich dann bei den Göttern weile

ferne von Dir und Dir unbekannt, in
Vogelgestalt erscheinend. Jedes dieser
3 Stücke ist dasunselbständig.

Jenseits von mir steht die himmlische
Mutter. Ihr Gegenüber ist der Phallus.
Seine Mutter ist die Erde, sein
Ziel die Himmelsmutter.

Die Himmelsmutter ist die
Tochter der Himmelswelt. Ihr Gegenüber ist sie die Erde.

Die Himmelswelt ist erleuchtet
durch die geistige Sonne. Ihr Gegenüber ist der Mond. Und wie der Mond
der Übergang ist zu der Tag der Raumes,
so ist die geistige Sonne Übergang zu
der Pleroma, die obere Welt der
Fülle. Der Mond ist das Götterauge
der Leeren, wie die Sonne das Götterauge
des Vollen ist. Der Mond, den Du siehst

ist das Symbol, wie auch die Sonne,
die Du siehst. Sonne und Mond, deren
Sterne heisst, ihre Symbole sind Götter.
Es giebt noch andere Götter, ihre Symbole sind die Planeten.

Die Himmelsmutter ist ein
Daemon, unter dem Range der Götter,
ein Bewohner der Himmelwelt.

Die Götter sind günstig und
ungünstig, unpersönlich, Gestirns-
seelen, Einflüsse, Kräfte, Grossvä-
ter Seelen, Herrscher in der Himmelswelt, sowohl im Raume, wie in der
Kraft. Sie sind weder gefährlich noch
gütig, stark, rechtungsam, Verdeut-
lichungen der Pleroma und der ewig
sel Leere, Gestaltungen der ewig-
Eigenschaften.

Ihre Zahl ist unermesslich gross

und bildet eben in der Eine Überwesentliche, der alle Eigenschaft in sich enthält und selber keine Eigenschaft hat, ein Nichts und Alles, die völlige Auflösung des Menschen, Tod und ewiges Leben.

Der Mensch wird durch das Principium individuationis. Er strebt nach dem absolut Einzelnen, wodurch er das absolut aufgelöste der Pleroma immer mehr verNichtet. Dadurch macht er das Pleroma zum Punkt, der grösste Spannung enthält und selbst ein leuchtender Stern ist, unmerkbar klein, und das Pleroma unmessbar gross ist. Je mehr das Pleroma verNichtet wird, desto stärker wird der Stern des Einzelnen. Er ist von leuchtenden Wolken umgeben, ein Gestirn im Werden, vergleichbar einer kleinen Sonne. Er wirft Feuer aus. Daher es heisst: ἔρως ὑπάρχων ἐπακτήρ. Seine Gluth wird Sonne,

ch auch ein solcher Stern ist, ein Gott und Grossvater der Seelen ist, so ist auch der Stern des Einzelnen gleich der Sonne, ein Gott und Grossvater der Seelen. Er ist bisweilen sichtbar, eben wie ich ihn beschrieben habe. Sein Licht ist blau, wie dasjenes ferner Sterne. Erist weit draussen im Raume, kalt und einsam, denn er ist jenseits des Todes. Um zum Einzelsein zu gelangen, bedürfen wir eines grossen Stück Todes. Darum heisst es: Θεοὶ ἔστε, denn wie der ⟨Menschen⟩ erdbeherrschenden unzählig Viele sind so der Gestirne, so der Götter, als der Herrn über der Himmelswelt.

Dieser Gott ist wohl der, der den Tod der Menschen überlebt. Wer in Einsamkeit stirbt, der kommt in den Himmel, wenn sie Hölle ist, der kommt in die Hölle. Wer das principium individuationis nicht zum Ende führt, wird kein Gott, denn er kann das Einzelsein nicht ertragen.

Die Toten, die aus Jerusalem, und Seelen, die des *principium individuationis* nicht erfüllt haben, sonst wären sie zu permeistaren geworden. Insofern wir es nicht erfüllen, haben die Toten ein Anrecht an uns und bedrängen uns und sind zu entgehen nicht.

mir und Daemon. -

Der eine Gott, dem Verehrung gebührt, ist in der Mitte.

Du sollst nur einen Gott verehren. Die anderen Götter sind gleichgültig. Der Abraxas ist zu fürchten. Darum war es Erlösung, als er sich von mir trennte. Du brauchst ihn nicht zu suchen. Er wird Dich finden, gleichwie der Eros. Er ist der Gott des Weltalls, überaus mächtig und furchtbar. Er ist der Schöpfertrieb, er ist Gestalt und Gestaltung, ebenso wie Stoff, wie Kraft, darum über allen hellen und dunkeln Göttern. Er reisst die Seelen weg und wirft sie in die Zeugung. Er ist Schaffender und Geschaffenes. Er ist der Gott, der sich stets erneut, im Tage, im Monat, im Jahre, im Menschenleben, im Zeitalter, in Völkern, im Lebendigen, in Gestirnen. Er zwingt, er ist unerbittlich. Wenn Du ihn verehrst, stärkst Du seine Macht über Dich. Sie wird dadurch unerträglich. Du wirst entsetzliche Mühe haben, Dich von ihm zu befreien. Je mehr Du Dich von ihm befreist, desto mehr näherst Du Dich dem Tode, denn er ist der Leben des All. Er ist aber auch der allgemeine Tod. Darum verfällst Du ihm wiederum, nicht im Leben aber im Sterben. Also erinnere Dich seiner, verehre ihn nicht, aber bilde Dir auch nicht ein, daß Du ihn fliehen könntest, denn er ist rings um Dich. Du mußt mitten im Leben sein, vom Tod umfangen. Ausgespannt, wie ein Gekreuzigter, hängst Du in ihm, dem Furchtbaren, dem Übergewaltigen.

Du hast aber in Dir den einen Gott, den wundersam Schönen und Gütigen, den Einsamen, Sterngleichen, den Unbewegten, der älter und weiser ist als der Vater, der eine sichere Hand hat, der Dich führt zu allen Dunkelheiten und allen Todesschrecken des furchtbaren Abraxas. Ergießt

Freude und Frieden, denn er ist jenseits des Todes und jenseits der Wechselvollen. Er ist kein Diener und kein Freund des Abraxas. Ja er ist selber ein Abraxas, aber nicht Dir, sondern in sich und seiner fernen Welt, denn Du bist selber ein Gott, der in fernen Räumen wohnt und sich in seinen Teilen und Schöpfungen und Völkern erneuert, ihnen ebenso mächtig, wie Dir der Abraxas.

Du selber bist Weltschöpfer und Creatur.

Du hast den *einen* Gott, Du wirst zu *deinem einen* Gott in der unendlichen Zahl der Götter.

Du bist der grosse Abraxas Deiner Welt. Als Mensch aber bist Du das Herz des *einen* Gottes, der seiner Welt als der grosse Abraxas erscheint, der befürchtete Mächtige, der Lebensspendende, ist die Ausstrahlung des Lebenswassers, der Geist des Lebensbaumes, ~~die Mutter~~ der Dämon des Blutes, der Todbringende.

Er ist das bildende Herz *eines* eines Sterngottes, der seiner Welt Abraxas ist.

Darum, weil Du das Herz deines Gottes bist, so trachte nach ihm, liebe ihn, lebe für ihn. Fürchte den Abraxas, der die Menschenwelt regiert. Nimm an, wozu er Dich zwingt, denn er ist der Herr des Lebens dieser Welt und Keiner entgeht ihm. Kümmert Du nicht an, so quält er Dich zu Tod und das Herz deines Gottes leidet, so wie der Eine Gott des Christus in dem Tod Schwerstes erlitten hat.

Das Leiden der Menschheit ist ohn' Ende, denn ihr Leben ist ohn' Ende. Denn es ist kein Ende, wo nicht Einer sieht, der am Ende ist. Wenn die Menschheit zu Ende ist, so ist Keiner, der ihr Ende sähe und Niemand

ich da, der sagen könnte, dass die Menschheit
ein Ende habe? Also hat sie kein Ende für sich
selber, wohl aber für die Götter.

~~Darum auch~~ Der Tod des Christus
hat ~~kein~~ Leiden von der Welt weggenommen,
~~hat, so~~ sein Leben ~~so~~ aber hat uns viel gelehrt; nämlich: dass es dem Einen Gott
gefällt, ~~dass~~ wenn der Einzelne sein eigenes
Leben lebt entgegen der Macht des Abra[xas].
Da durcherlöst sich der Eine Gott vom
Lücken der Erde, in das ihn sein Eros hi[n]
stürzte; denn als der Eine Gott die Erde sah
da begehrte er ihrer zur Zeugung und
vergass, dass ihm schon eine Welt gegeben war, in der er Abraxas war,
so ward der Eine Gott Mensch. Darum
zieht der Eine den Menschen wieder
von empor zu sich und in sich, damit
der Eine wieder vollständig werde.

Die Befreiung des Menschen aus
der Macht des Abraxas aber erfolgt nicht dadurch,
~~dass~~ der Mensch sich der Macht des Abraxas

entzieht — ~~Denn~~ Niemand kann sich ihr entziehen, sondern jedermann ihr unterwirft. Selbst Christus musste sich der Macht des Abraxas unterwerfen und der Abraxas tötete ihn auf grausame Weise.

Nur indem Du der Lehre lebst, erlösest Du Dich davon. Also lebe es in dem Maasse, als es Du zukommt. In dem Maasse, als Du es lebst, verfällst ~~der~~ Du auch der Macht des Abraxas und seinen furchtbaren Täuschungen. Im selben Maasse aber gewinnt der Sterngott in Dir an Kraft Sehnsucht und Kraft, indem die Frucht der Täuschung und Enttäuschung der Menschen ihm zufällt. Schmerz und Enttäuschung erfüllen die Welt des Abraxas mit Kälte, als Deine Lebenswärme sinkt langsam in die Tiefe Deiner Seele, in den Mittelpunkt der Menschen, wo das ferne blaue Sternlicht Deines Einen Gottes entglimmt.

Wenn Du aus Furcht den Abraxas fliehst, so entfliehst Du dem Schmerz und der Enttäuschung

und so bleibst Du ohne Furcht, d. h. mit Dir in
bewusster Liebe an Abraxas hängen und Du
Einer Gott kann nicht entbrennen. Durch
Schmerz und Enttäuschung aber lösest Du
Dich aus, denn von selbst fällt dann Dein
Begehren wie eine reife Frucht in die Tiefe
der Schwerkraft folgend, nach dem Mittel-
punkte strebend, wo eben der blaue Licht
des Sternegottes entsteht.

Also fliehe nicht den Abraxas, suche
ihn nicht: Du fühlst seinen Zwang, wider-
strebe ihm nicht, damit Du lebst und so
Dein Lösegeld bezahlest.

Du Werke des Abraxas sind zu
erfüllen, denn, bedenke, in Deiner
Welt bist Du selber Abraxas und zwingst
Dein Geschöpf zur Erfüllung Deines Werks.
Hier, wo du dem Abraxas unterworfene
Creatur bist, hast Du zu lernen, die Werke
des Lebens zu erfüllen. Dort, wo Du Ab-
raxas bist, zwingst Du Deine Geschöpfe.

Du fragst, warum dies Alles
so sei? Ich verstehe, dass es Dir frag-

würdig erscheint. Die Welt ist preiswürdig. Sie ist die unendlich große Thorheit der Götter, von der Du weißt, daß sie unendlich weise ist. Gewiß ist sie auch eine Furcht, eine unverzeihliche Sünde und darum auch höchste Liebe und Tugend.

Also lebe das Leben, fliehe den Abraxas nicht, sofern er Dich zwingt und Du eine Nothwendigkeit anerkennen kannst. Zu einem Sinne sage ich: fürchte ihn nicht, liebe ihn nicht. Zu anderem Sinne sage ich: Fürchte ihn, liebe ihn. Er ist das Leben der Erde, das sagt Dir genug.

Die Erkenntniss von der Vielheit der Götter thut Dir noth. Du kannst nicht Alles in Einem Wesen vereinigen. Sowenig wie Du Eines bist mit der Vielheit der Menschen, so wenig ist der Eine Gott ewig Eines mit der Vielheit der Götter. Dieser Eine Gott ist der Gütige, der Liebende, der Führende, der Heilende. Ihm gebührt alle Deine Liebe und Verehrung. Zu ihm sollst Du beten, mit ihm bist Du eins, er ist Dir nahe, näher als Deine Seele.

Ich Deine Seele bin Deine Mutter, Dich zärtlich und furchtbar umgebend, Deine Ernährerin und Verderberin, ich bereite Dir Gutes und Süßes, ich bin Deine Fürbitterin beim Abraxas. Ich lehre Dir die Künste, die Dich gegen den Abraxas schützen. Ich stehe zwischen Dir und dem allmrungebenden Abraxas. Ich bin Dein Körper, Dein Schatten, Dein in dieser Welt Wirkendes, Dein in der Welt der Götter Erscheinendes, Dein Glanz, Dein Hauch, Dein Geruch, Deine magische Kraft. Mich sollst Du anrufen, wenn Du mit Menschen leben willst, den einen Gott aber, wenn Du über die Menschenwelt empor steigen willst zur göttlichen und ewigen Einsamkeit des Gestirns.

18 I 16.

Ach, meine Seele, was thust Du? Welche Angst und Unruhe schaffst Du mir? Was soll in der Tiefe der Zukunft werden?

Was sehe ich? Lodernde Flammen? Ein Feuer — ein blutiges Feuer?

Ach, mein Gott, ich rufe Dich, zürnige, meine Seele, dass sie mir Antwort gebe über die Dinge, die mich bedrängen!

// Du dachtest an die grosse Fluth, Du dachtest an den schützenden Wall, Du dachtest nicht der Feuers, das durch die Lüfte jagt. //

An das Feuer? Was willst Du sagen? // Lasse mit Dir reden! Ein Feuer in den Lüften wartet, es naht heran, eine Flamme, viele Flammen — ein heisses Wunder — es entbrennen viele Lichter, gleich Sternen der Nacht. — Meine Geliebten die Gnade des ewigen Feuers — der Feuerhauch senkt sich über Dich. //

Meine Seele, ich rufe Dich an — schreckliches-Grausames fürchte ich — namenlose Angst erfüllt mein Herz, denn furchtbar waren die Dinge, die Du mir zuvor kündetest — muss Alles zerbrechen, verbrannt, vernichtet sein? Erreicht Dich kein Verzweiflungsschrei?

// Geduld, Feuer ist über Dir — vor Dir, ein Gluthmeer — ein ver— zehrendes Feuer — ein lodernder Brand,

Martre mich nicht — welche ganzen Geheimnisse besitzest Du. Sprich, ich flehe Dich an. Mein Gott, mein ferner Stern, ich rufe Dich an! Wo ist Deine Macht? Schütze mich oder gieb mir Kraft, das Unsäglich zu erdulden.

Oder, meine Seele, lügst Du wieder? Versüchterin Qualzeit, täuschender Unhold, was sollen Deine Trugge spenster?

// Ich will auch Deine Angst //

wozu?

// um sie vor den Herrn dieser Welt zu bringen. Er verlangt das Opfer Deiner Angst //

Warum? Rede!

// Er würdigt Dich dieses Opfers. Der Abraxas ist Dir gnädig. /

Mir gnädig? Was soll der Hummer? Ich möchte mich lieber vor ihm verbergen. Mein Angesicht nehmt den Herrn dieser Welt, denn er ist gekennzeichnet, es trägt ein furchtbares Mal. Es schaut der ste= botene, darum nehme ich den Herrn an

Welt.#

// Du sollst aber vorübertreten. Deine
Angst gegen an. //

Du machtest mir Angst
Lügnerin? Warum verriethest Du
mich?

// Du bist zu seinem Dienst berufen
Dreimal verfluchtes Schicksal!
Warum kannst Du mich nicht in der
Verborgenheit lassen? Warum hat er
mich zum Opfer ausersehen? Tausende
würden sich ihm ja gerne hinwerfen, warum
muss ich es sein? Ich will nicht, ich
kann nicht.

// Du hast das Wort, das nicht verloren
gehen darf. //

Ich will er haben, den Meinen, den
Nächsten, eher wirf es nicht auf die
Strasse. Was willst Du dem Abraxa-

helfen? Er hat die Macht, er schaffe
aus sich, warum soll ich für ihn bluten
und in euren Feuern mich verzehren?
Mein Gott, also auch von dir Angst.
Gieb mir der erlösende Gericht, in
Deine Hände befehle ich meinen Geist.

Ich sehe weite Flur und blaue
Berge, um Rauch zieht darüber hin,
Ein Feuermeer wälzt sich heran, er
entzündet die Städte und Dörfer,
er wälzt sich durch das Thal, er
verbrennt die Wälder — Ich gehe
vor ihm her in verbrannten Gewande,
mit versengtem Haar, meine Augen
schauen irre, meine Zunge ist trocken
und meine Stimme heiser — ich eile
voran und verkünde das Heran-
nahende — ich eile über die Berge
und ich steige in jedes stille Thal und

Ich stammle Worte der Schreckens und Kunde der Qual des Feuers. Die Menschen fliehen entsetzt vor mir, denn ich trage die Male des Feuers. Sie sehen das Feuer nicht, sie sehen mich und ahnen in mir den Boten der brennenden Qual. Was sind eure Feuer? fragen sie. Was sind eure Feuer? Ich stottere, ich stammle — was weiß ich vom Feuer? Ich schaute die Gluthen, ich sah das lodernde Feuer. Mein Gott, hilf und rette uns hinüber.

Mein Gott, berate mich; ist es roth, ist es Musterhaftes?
Mein Gott warum hast Du mich verlassen? O furchtbares Schweigen!

Meine Seele, rede, rede Alles aus!

// Lange genug wartetest Du. Heiliges Feuer lodern, steige in die Flamme. // Trete ins Licht, schaffe empor, Licht und Dunkelmehr, Künde das Kommende. //

Wer soll doch künden, das Feuer? Welches Feuer?

// Du Flamme, die über den Entlaupte lodert, blicke empor, die Himmel röthen sich. //

23. I. 16.
Mein Gott, mein wunderbares Licht!

29. I. 16.
Meine Seele, ich weiss, dass Du den Teufel gerufen hast. Er hat seine beschwerenden Dämpfe ge-

sandt. Er war es, der an meinem Haus
anpochte mit seiner schwer dunklen
Begleiterin. Ich roch sie in der Luft.
War besser für Dich, die Du uns
Künstreich spieltest? Was soll der
Teufel?

„Aufbrechen, was verschlossen."

Was? meine Geheimnisse? schon
liegen sie zu offen!

Nein, Deine eisernen Thüren!

Dass dir üble Herde in meinen
Garten brechen kann? Soll ich aus
geplündert und auf den Mist gewor=
fen werden? Du machst mich zum
Affen und zum Spielzeug kleiner Kind=
Wann, o mein Gott, soll ich erlöst
werden aus dieser Narrenhölle? Ich

sehne mich nach dem Tod, nach der innersten Kälte. Sollte das der Teufel sein? Er ist
irgendwo in der Nähe.

Meine Seele, verflachtes Ausspeiet, höre endlich auf! Zuviel der Männlichkeit, zuviel des Schmutzes, zuviel des hinausschreienden Blödsinns. Ich will ein Mensch sein. Ich will die Menschen nicht mehr lieben. Ich will sein.
Ich will eure verflachten Experimente zerhacken. Fahret zur Hölle, ihr Narren.
Mich umgebe das Licht.

// Was redest Du? Lass dem Teufel das Werk. Er wird es besorgen. //

Wie kann ich Dir trauen? Du arbeitest für Dich, nicht für mich. Wozu solltest Du taugen, Du Strauchdieb, wenn Du mich nicht einmal vor den Versuchungen des Teufels zu schützen weisst. Soll das Feuer Höllenfeuer sein?

// Du regst Dich auf. Gieb Ruhe, du störst das Werk. //

Ich bin müde, ich will keine Überraschungen. Sprich, wer harrt Da vor? Wer wieder Teufel und sein nächtlicher Spuk?

// Wir kamen, um der Arbeit zu dienen, der Geheimnissvollen, des Unsichtbare. Wir kochten die Lüfte um Dich, wir mischten Dämpfe dar feine, narkotische, verwirrende, bethörende, wir bereiten den Schein, den unerläßlichen längst vermissten und den ängstlich gesuchten. Ich will an Deinem Ruhen Schuld haben. Du taugst uns, lass uns wirken. Mit glatten Worten, mit sprechender Gebärde werfen wir Netze aus. Lass Dich nur gehen. Es wird fliessen wie Oel und duften wie Narde. Unaussprechlicher Feuerschein, zappelnde Menschlein in unsichtbaren Schlingen, ein leises Hohnlachen in der Ferne, zähneknirschende, furchtbebende Gefangene //

Schweige, du Teufel, mir ekelt's.

// Dich freut's. Der Tag der Rache naht. Vergiss die Unbill nicht, die Du erlitten, sie werden Lösegeld zahlen. Ha, wie sie eilen werden, den Herrn zu grüssen und sich zu bücken. //

Schillose! Die gab wohl der Teufel Worte?

// Glänzende, gleissnerische Worte, blank wie scharfer Stahl, schneidend wie Nordwind. Hohn voll erlesener

Kostbarkeit. //
    Es wird mir übel.
// Gieb ihr ihren der Werk, nicht Du
Sei ruhig und lass nur walten. Wir
treffen sicher. Wahne ruhig, geben
Wir werden die Gluth schüren.
    Baue geloren Stein zu Stein. W
Ihnen der Unsre. Kümmere Dich
nicht. Schon glüht der Feuer. //
    Mein Gott, Du nährst den Frevel
// /// Das Geschick erfülle sich // ///

30 E 16
    Was soll's? Es kocht
furchtbar.
    // Das Leben fängt an. //

soll es noch oft anfangen? Oder hat es denn noch nicht angefangen? Es ist eine unerträgliche Spannerei. Wann soll einmal Ruhe werden!

// Gemach, gemach. Kein Drängen.//

Du hast gut reden. Es zersprengt mich. Wirklich als ob eiserne Thüren gesprengt werden sollten. Was soll hinaus? Wer soll's hinaus?

// Hinten hinaus. //

Phensal.

// Hinter Deinem Rücken, in gebildeter Sprache. Alles geht hinter Deinem Rücken.//

Warum soll ich nicht dabei sein? Ich will auch leben.

// Es wird von Vorne zu Dir kommen

Und darauf soll man trauen?

// Was denn sonst? Kannst Du es
machen? Nein. Du kannst nur warten, bis es wird. //

Aber es zerrüttet mich. Seitdem
Du den Teufel gebracht hast, werde ich
höllisch geplagt. Du mußt Linde-
rung schaffen. Sprich ein erlösendes
Wort. Was ist es mit den Gestirn? Sie
reißen an mir herum und ich habe Mü[he]
mich zu halten.

// Gieb ihnen nach. //

So sprecht, ihr Toten! Seid
Ihr noch nicht entleert?

// Wir kommen von Jerusalem
zurück, wo wir nicht fanden, was wir
suchten! Wir begehren Eü Die Einlas[s]

Sermon

Du hast es, wonach uns verlangt. Das
Licht, nicht das Blut, das ist es //

Aber was kann ich thun?

// Lehre uns, wir hören! //

Was soll ich lehren?

// Die Weisheit, die Erkenntniss, die Du
gewonnen und die uns fehlte. //

Doch wo soll ich beginnen?

// Beginne, beginne, gleichviel wo,
wo es Dir gut dünkt zu beginnen. //

So höret denn Sohn! Ich lehre euch:
Ich beginne beim Nichts.
Das Nichts ist dasselbe wie die Fülle.
In der Unendlichkeit ist voll so gut
wie leer. Nichts ist leer und voll.
Ihr könnt auch ebensogut etwas Anderes

vom Nichts sagen, z. B. es sei weiss oder schwarz, oder es sei nicht oder es sei. Ein Unendliches und Ewiges hat keine Eigenschaften, weil es alle Eigenschaften hat.

Das Nichts oder die Fülle nennen wir das Pleroma. Dort drin hört Denken und Sein auf, denn das Ewige und Unendliche hat keine Eigenschaften. In ihm ist Keiner, denn er wäre dann vom Pleroma unterschieden und hätte Eigenschaften, die ihn als Etwas vom Pleroma abtrennten.

Im Pleroma ist Nichts und Alles. Es lohnt sich nicht über das Pleroma nachzudenken, denn das hiesse: sich selber auflösen.

Die Creatur ist nicht im Pleroma. Das Pleroma ist Anfang und Ende der

Creatur, es umgiebt sie gewissermassen, es geht durch sie hindurch, wie das Sonnenlicht die Luft überall durchdringt. Obschon das Pleroma durch uns hindurchgeht, so sind wir doch nicht im Pleroma, denn wir haben nicht eigentlich Theil daran, so wie ein vollkommen durchsichtiger Körper weder hell noch dunkel wird durch das Licht, das ihn durchdringt.

Wir sind aber Pleroma, denn wir sind im Ewigen und Unendlichen eingeschlossen und ein Theil davon. Wir haben aber nicht Theil daran, sondern sind vom Pleroma unendlich weit entfernt, nicht räumlich oder zeitlich, sondern wesentlich, indem wir uns im Wesen vom Pleroma unterscheiden als Creatur, die in Zeit und Raum beschränkt ist.

Livro 5

13 de março de 1914 – 30 de janeiro de 1916

> Tu o percebes, o dever do mundo?
> Sim, de esferas a esferas
> ele deve parir semente a partir da semente,
> ele nos traz a luz do mundo,
> gotejando como que de peneira escura,
> semeia amor, amor, amor
> de noite a noite, de polo a polo.
> Dehmel[1]

[1] 18 III 14.[2]

Li em Nietzsche várias vezes a expressão "solidão última".[3] Esta é a expressão que se apresenta a mim. Minh'alma, ouves esta expressão?

---

1 Essas linhas foram inseridas aqui por Toni Wolff. São de um poema épico de Richard Dehmel (1863-1920), *Zwei Menschen* [Duas pessoas] (Berlim: Schuster und Loeffler, 1903, cap. 113). Em 1905, essa obra inspirou uma série de sete xilogravuras do pintor expressionista Ludwig Kirchner. O tratamento franco de temas sexuais por Dehmel levou a acusações de obscenidade e blasfêmia.

2 Quarta-feira. Este registro não foi reproduzido no *LN*. Helene (1914-2014), filha de Jung, nasceu neste dia. Em 13 de março, Jung apresentou "Sobre a psicologia do sonho" à Sociedade Psicanalítica de Zurique. Ele criticou a interpretação sexual dos símbolos por Freud e forneceu interpretações alternativas de sonhos típicos. Depois, Adolf Keller fez uma apresentação sobre "Bergson e a teoria da libido", completada em 20 de março. Jung comentou: "A apresentação de Keller preencheu uma lacuna. Bergson deveria ter sido discutido aqui há muito tempo. B. diz tudo que nós não dissemos. Ele desceu da unidade, nós subimos da multiplicidade" (MZS).

3 Cf. NIETZSCHE, F. "The Fire-Signal". In: *Dithyrambs of Dionysus*. Londres: Anvil, 1888, p. 51. Jung comentou sobre esse poema em *Transformações e símbolos da libido* (CW B, § 162n). Em sua apresentação no Clube Psicológico em 1916 sobre "Adaptação, individuação e coletividade", ele disse: "O indivíduo precisa agora consolidar-se separando-se totalmente da divindade e tornando-se ele mesmo.

"Ouço e penso".

O que pensas?

"Reflito sobre as razões da solidão".

O que pensas dessas razões[?]

"Há muitas delas, algumas em ti, algumas em outros".

Deixa-me ouvi-las.

"Deves apenas dar amor".

No meu caso, o amor está fraco. Parece não restar muito dele. Estou esgotado: tudo se volta contra mim mesmo.

"Por que não dás?"

Parece-me que dou bastante. [1/2]

"Também para mim?"

Vês que estou trabalhando. Tento te dar o máximo que posso. Sei que é pouco. Não sei onde está o restante. A baixa e a escuridão atuais são intencionais? Devo sentir-me solitário?

"Perguntas tolas! Faze de modo diferente, se puderes!"

Por vezes, perco totalmente a coragem. O que há de vir?

"Como eu saberia?"

Tenta, talvez consegues alcançar algo.

"Tu és esquemático, mas eu estenderei a mão e pegarei.

Aqui está, olha [2/3]."

Um bode fedorento – pegaste algo do inferno.

"Bem – o que achas?"

O que posso achar? Sabes que teus presentes são de natureza sombria.

"Um bode com chifres tortos e um tanto de rabo, uma imagem inofensiva de Satanás – isso te agrada?"

Estou surpreso, para não dizer – decepcionado. O que queres com este presente fedorento?

"Seu fedor vai longe. Sua fama se espalha longe ao seu redor".

Uma fama ruim, como me parece. [3/4]

"Teu animal heráldico, querido".

Com isso ao mesmo tempo separa-se da sociedade. Exteriormente mergulha na solidão e internamente, no inferno, no afastamento de Deus" (OC 18/2, § 1103).

Tua zombaria é inapropriada.

"Não tanto – ela vem da solidão. Na solidão, o homem começa a feder – e o cheiro vai longe".

Ah, deixa de piadas. És pior do que os homens. És um verdadeiro diabo.

"Por que não queres permitir que as pessoas te atormentem?"

Pensei que, talvez, a tortura não fosse necessária – ou que também poderíamos atormentar os outros de vez em quando, assim como eles me atormentam. Já que eu não queria isso, eu me retraí para dentro de mim mesmo.

"Isso não adianta nada, és sacrificador e sacrificado". [4/5]

Isso é quase insuportável. Dificilmente conseguirei.

"Quase e dificilmente – portanto não inteiramente".

É necessário?

"O que será da vida se tu não participas? Abater e ser abatido".[4]

Essa verdade cheira a sangue humano. Isso realmente é necessário?

"Por que duvidas? Ainda tens ilusões infantis sobre a vida? Afia tua faca".

És incrivelmente cruel.

"O dia não pode raiar sem que abatas e sacrifiques".

A mim mesmo? Ou quem? Ou o quê? [5/6]

"Estende a mão e abate tudo que conseguir pegar"

Isso é inaudito e impossível. Como eu poderia fazer isso?

"Com uma faca. Ignora os gritos e choros. É necessário que haja sacrifícios, caso contrário tu mesmo te matarás".

Mas a humanidade – o que ela dirá sobre tudo isso?

"É justamente muito humano matares o irmão para que tu possas viver".

A vida do meu irmão é cara para mim.

"Aquele que não valoriza sua própria vida a perderá. Por ora, deves viver. Os outros que cuidem de si mesmos [6/7] e se afastem de onde tua faca apunhala. Não deves fazer-te macaco ou tolo por outros – em nome da idiotice deles. Tudo tem os seus limites. Eles são insolentes contigo porque abaixaste as tuas armas".

---

4 Em 1912, Jung citou as seguintes linhas da *Bhagavad Gíta* (em inglês, na tradução de Edwin Arnold de 1885): "*All's then God! The sacrifice is Brahm, the ghee and the grain/Are Brahm, the fire is Brahm, the flesh it eats/is Brahm, and unto Brahm attaineth he/Who, in such office, meditates on Brahm*" [Tudo então é Deus!/O sacrifício é Brama, o óleo e o grão/São Brama, o fogo é Brama, a carne que ele consome/É Brama, e o próprio Brama atinge aquele/Que, em tal prece, medita sobre Brama] (*Transformações e símbolos da libido*, CW B, § 242n).

Eu não cometeria uma injustiça terrível se te seguisse?

"Chamas isso justo quando não vives? Quem haverá de viver se tu não viveres? Cada um deve viver. Estás agindo em defesa própria. Tua bondade chega a ser absurda".

Tua linguagem realmente soa violenta. Isso é algo novo em ti.

["]Isso não é nenhum milagre, tua longanimidade chega a ser doentia. Eu também quero existir. Mas tu me sufocas. [7/8]

Eu te empurrarei contra a parede se não obedeceres. Eu já te mostrei hoje como posso ser. Fica contigo e vive. Tu estás completamente esgotado["].

Será que, finalmente, estás dizendo a verdade? Isso me faz pensar.

19 III 14.[5]

Meu Deus, que solidão interna! Este é o caminho? O que dizes?

"Eu te digo: este é teu caminho. Ele não é fácil, e ✱ outro não existe["].

Para onde ele leva?

"Se tu soubesses, saberias tudo. Portanto, saber isso é evidentemente impossível". [8/9]

O caos dentro de mim é horrível.

"Feliz aquele que está grávido do caos".

Talvez eu morra durante o parto.

"Isso também já aconteceu com mulheres em trabalho de parto".

Estou horrorizado.

"Por que não ficarias horrorizado? O horror faz parte da solidão, e a solidão é teu caminho. Tens pessoas o bastante por fora".

O que será de meu caos?

"Em que o caos se transforma? Em mundo ordenado".[6]

Se eu soubesse onde agarrá-lo!

"Paciência, ele já se agarra". [9/10]

Creio que sinto a garra do caos. Sou impotente.

"Como poderias ser potente? Somos filhos do caos, inseparavelmente ligados a ele. Nossa natureza mais profunda é desordem. Este é o início de todas as coisas".[7]

---

5 Quinta-feira. Este registro não foi reproduzido no *LN*.
6 Em *Assim falava Zaratustra*, Nietzsche escreve: "é preciso ter caos em si para dar à luz uma estrela dançante" ("Prólogo de Zaratustra 3", p. 5, 46; grifado como no exemplar de Jung).
7 Em sua *Teogonía*, Hesíodo escreveu: "Primeiro veio o Caos, depois a Terra de peito amplo" (I. 116).

A insondabilidade é terrível. Não existe em lugar nenhum uma linha reta ou um ponto fixo?

"Isso teria que ser criado primeiro".

Mas como? Devo começar com o mais próximo?

"Ou talvez seja melhor começar pelo mais distante. Fazer o mais próximo é coisa de principiante".

O que é o mais distante?

"Amor no inverso". [10/11]

O que dizes? Amor no inverso? Estás terrivelmente louco. Como devo entender isso?

"Existe amor no direto e amor no inverso".

Isso não me ajudou. O que é amor no direto?

"Amar reta e diretamente. É melhor dizer amor no inverso do que amor no indireto. Amar outra pessoa indiretamente significa, segundo o meu conceito, amar seu inverso. Ama a generosidade do avarento, a feiura do belo, o racional do louco e o ruim do bom".

Isso é pedir muito. Duvido que eu consiga. Consigo [11/12] fazê-lo comigo mesmo?

"Como sempre, deves começar por ti mesmo".

Como? Devo amar minha ruindade ou minha bondade? Sou bom ou ruim? Razoável ou louco, generoso ou avarento? Vês que nada sei sobre mim mesmo.

"Contempla a ti mesmo no espelho dos outros".

Para os que estão próximos ~~bo~~ pareço ~~é~~ ser bom; para os distantes, ruim. Com a distância, minhas virtudes se transformam no oposto. Por isso, acredito na identidade interior dos opostos. O que, então, devo amar em mim mesmo? [12/13]

"Aquilo que consideras ruim. Tu vês que és bom, pois a distância turva o juízo; quanto mais distante, mais subjetivo".

O que considero ruim em mim mesmo?

"Tuas emoções".

Devo perder meu autodomínio?

"Não deves ir longe demais. Mas valoriza tuas emoções. Elas são instrutivas e um elemento de vida para os outros".

Tenho medo de machucar.

"Os outros também machucam. Queres ser melhor do que os outros? Isso seria um ideal cristão que leva à justiça própria e desolação. Quero dizer, [13/14] sê humilde e tão ruim quanto os outros. Isso fará bem a ti mesmo e aos outros".

Tua verdade é perigosa e subjetiva.

"No fim das contas, a verdade sempre é subjetiva e nociva aos outros. ~~Apenas~~ Tu és imune apenas ao teu próprio veneno".

Devemos desistir de ensinar uma verdade aos outros?

"Sim, devemos desistir. Contenta-te em ensinar o caminho que leva à verdade subjetiva. A verdade objetiva nessas coisas é equivalente a um sistema ilusório. As coisas últimas devem ser verdades subjetivas". [14/15]

Dificilmente me parece valer o esforço de continuar buscando a verdade se, no fim, só alcançamos o subjetivo.

"Não conheces o significado do subjetivo. É de significado cósmico. Ele alcança o âmago das coisas".

Isso é obscuro.

"Mas isso faz parte da essência do subjetivo e ~~isso~~ não pode ser dito de outra forma. No fim das contas, o subjetivo é profundamente ilógico. Não inteligível, mas aceitável".

Como se deve e se pode aceitar o ininteligível?

"Foi isso que os povos de todos os tempos e de todas as regiões fizeram". [15/16] Não confias que tens essa habilidade?"

Eu a desaprendi com temor e tremor, apenas tu sabes com que agonia. Exiges agora que eu a retome e reverta tudo que adquiri com dores e dificuldade?

"Tenho pena de ti, mas isso faz parte de seu aperfeiçoamento como ser humano".

Creio que esse trabalho me azedará. Quase me desespero diante dessa tarefa.

"Paciência – e também isso será terminado".

Para ti, é fácil falar. O [16/17] subjetivo me parece uma gosma primordial indefinível, inútil e arbitrária.

"Relacionada à profunda essência do mundo, ao caos. Lei é superfície, ordem é o lado externo. O caos é a tua mãe. Tu descansas na incerteza como no ventre materno, devindo eternamente e num estado germinal".

O indefinido é repugnante e profundamente odiado por mim.

"Portanto te preocupas muito com isso. Concorda com isso e ama-o".

De que adianta? Ninguém entenderá.

"Mas muitos aceitarão".

Esse fardo é excessivo. Não posso, por todos os Deuses, suportá-lo. [17/18]

"Hoje não e nem amanhã, mas depois de amanhã".

Quem deve acreditar em teu otimismo? Tu me fazes rir.

"O bufo da corte era uma personalidade influente".

Isso não facilita as coisas em nada. Tu me quebras.

"Bem-aventurados os que estão quebrados pelo bem de sua alma, o reino dos céus está neles".

Provérbios baratos – sangro de muitas feridas.

"Isso acontece por minha causa, não deixa que isso te abale". Aqui o tormento, ali a realização["]. [18/19]

Ali onde? Devo crer num além?

"Em um além de ti".[8]

15. IV. 1914[9].

Muito daquilo que escrevi se tornou realidade.

Parece que nada mais deve ser dito sobre isso.

Minh'alma, ainda queres algo?

"Sim".

O que queres?

"Pega".

Um canguru que carrega seu filhote em sua bolsa. – Isso é dolorosamente grotesco – e carregado de conteúdo. A [19/20] tinta é quase grossa demais para poder escrever tais coisas com facilidade.

"O belo reconhecido seria fácil demais. Precisas de resistência".

Eu admito, gosto de me esquecer frequentemente dessa verdade.

"O canguru é uma imagem de Cristo, como também o pelicano".[10]

Ah, é difícil suportar isso. Mas fala!

"O gambá é um animal risível – algo maternal".

---

8 Entre 30 de março e 1º de abril, Jung foi velejar com Hans Schmid. Mais tarde em abril, foram para o norte da Itália e visitaram Ravena.
9 Domingo. Este registro não foi reproduzido no *LN*.
10 Em *Psicología e alquimia*, Jung reproduziu duas imagens do pelicano como símbolo de Cristo (OC 12, ilustrações 89 e 256). Em 1945, em "Sobre a natureza dos sonhos", ele observou que "a figura do pelicano que alimenta os filhotes com o próprio sangue [é uma] famosa *allegoria Christi*" (OC 8, § 559).

Tu és horrível.

"O maternal é horripilante – para aquele que não está preso nele. Mas para aquele que está preso nele é [20/21] êxtase e deleite puros, e ele pode florescer".

Estás querendo dizer – tornar-se ou ser criança? Sem fim? Cultivar outros ou ser cultivado pessoalmente?

"Ambos – pobre diabo".

Por que me chamas assim?

"Porque és. Estás deslocado".

Curvo as costas, isso é duro.

"És duro e deverias tornar-te macio".

Queres dizer – mais sensível?

"Não pergunta de forma tão direta, isso atrapalha. Não atrapalha o desenvolvimento do contrassenso. [21/22] Ele é salutar. É isto que deves aprender hoje: permite que o contrassenso cresça. Existe outra forma de reconhecer o sentido?"

Possuis uma sabedoria desesperada. Ela é agonizantemente linda.

"E, a seu modo, contrária à cultura. Isso deve ser lembrado".

Onde queres chegar? À não cultura?

Ou à sobrecultura. No entanto, é incerto como isso deve ser".

16.IV.14.[11]

Sim, incerto, por Deus. Devemos falar sobre o "incerto". [22/23] Considero isso um ponto importante. "Incerto", esta é a palavra das palavras para cada um que é obrigado a interagir com sua alma amada e intimamente adorada. Eu tendo ao desprezo da alma.

No passado, eu te adorei, depois te amei, agora corres o perigo de tornar-te desprezível para mim. Tu me pareces tola, mas certamente pareces carecer de um ponto de vista. Também pareces existir apenas em metade da humanidade.

"Ah – és fabuloso. Que palavras!"

Tu mostras teu rosto verdadeiro. Mas não caio em tua armadilha.

"Não achas que, no fim, seria até melhor se caísses em minha armadilha?"

[23/24]

---

11 Segunda-feira. Este registro não foi reproduzido no *LN*. Jung atendeu a um paciente.

Não reluto mais, pois busco qualidades "da alma". Convivemos com isso, como me parece. Portanto, deixa-me ficar incerto, mas em paz. Já passei tempo demais com inquietação.

"Inquietação é minha essência e o subsolo da vida".

Já sei: quando estou inquieto, falas de tranquilidade, e vice-versa, segundo tua necessidade.

"Sê feliz que essa necessidade é suprida".

És um falastrão na frente de um espelho e fechas o arco para formar um círculo. Por onde entrará a novidade? [24/25]

"A novidade não entra, ela é criada".

Mas como?

"Fazendo-a".

Por ora, deixarei de lado a lógica. Aparentemente, preciso abrir mão dela ao tratar contigo.

"Só precisas amar o novo. Assim conseguirás".

Para ti, é fácil falar. Dá-me o novo para que eu possa amá-lo.

"Palhaço, isso seria fácil demais. Deves amar o novo que não tens, pois ele ainda há de vir".

Estás falando de um amor sem objeto? Muito se exige com isso e pouco se dá. Amar [25/26] aleatoriamente, amar sem escolha e sem objeto. Isso é idiota demais.

"E, ao mesmo tempo, tão cheio de sentido".

Diabos, eu sei que é cheio de sentido. Não precisas gritar isso na minha cara. Mas é uma atitude aluada, que me parece impura.

"Não fiques indignado, é vida e gera vida".

Mas não para mim. Sou como uma bolha vazia – ou sou cheio de chumbo e não consigo me livrar. Engoliste o meu amor como um parasita que suga a minha vida. Tu [26/27] te alimentas a meu custo. Contigo, minha conta não fecha.

"És eternamente insatisfeito".

E por que não seria?

"Se isso te alegra, continua assim".

Não quero, mas não posso fazer nada. Não tenho como alcançar o que há de ser.

"E o que há de ser?"– Obviamente apenas algo que queres. Ainda não percebes que quero te esticar?"

Sim, mas como me parece, queres me esticar na mesa de tortura. Devo ter paciência comigo mesmo. Ser um com o [27/28] ser nada – uma profissão maravilhosa para todos que pretendem ser algo! Tu encerras em acordes confortantes, reconheço isso.

19.IV.14.[12]

A luta com o vivo é difícil.

"O que é mais difícil? Creio que seja a luta com o morto!"

Morremos de vida.

"Sim, então morremos de vida".

Por que, então?

"Se não vivermos com a vida".

E eu não vivo com a vida? [28/29] Meu Deus, o que exiges mais?

"Exijo tua vida".[13]

Minh'alma, elevas-te novamente a Deus?[14]

"Subo novamente – eu havia me tornado carne – agora retorno para o brilho eterno, para a eterna brasa do sol e te entrego à vida e ao terreno. Permanecerás com os seres humanos. Já passaste tempo demais em companhia imortal. Tua obra pertence à terra".

Que fala! Tu não te revolveste no mais banal, no mais terreno e no subterrâneo?

"Eu tinha me tornado homem e animal e agora subo de novo [29/30] para a minha própria terra."

Onde, onde, minh'alma,[15] é a tua terra?

Na luz, no ovo, no sol, no mais íntimo e comprimido, nas brasas eternas da ansiedade – assim nasce em teu coração o sol e seu brilho invade o mundo frio.

Como, ó minh'alma, tu te transfiguras! Deixa-me ver a tua transfiguração![16]

---

12 Quinta-feira. Liber Secundus, cap. 21, "O mágico" {8} (LN, p. 401ss.). As oito primeiras linhas não foram reproduzidas no LN.
13 Em vez disso, LN diz: "Estou vindo a ti e exijo tua vida" (p. 401).
14 Em vez disso, LN diz: "O que significa isto? Por acaso viraste um Deus?/Ele:" (ibid.).
15 "Onde, minh'alma" não foi reproduzido no LN.
16 No lugar deste parágrafo, LN diz: "Como te transfiguras?" (p. 402).

"Eu desaparecerei de tua vista, deves viver em escura solidão. Luzes humanas devem iluminar a tua escuridão". [30/31]

Como és dura e sublime! Quero molhar teus pés com minhas lágrimas e enxugá-los com meus cabelos – eu deliro, sou uma mulher?[17]

"Também uma mulher – também uma mãe que engravida. Um parto te espera".

Ó santo Espírito, dá-me uma centelha de tua luz eterna.

"Tu carregas uma criança".

Sinto o tormento, e o pavor, e o desamparo da parideira. Estás me abandonando, meu Deus?

"Tens a criança".

Minh'alma, ainda és tu? Tu, a caçoada, a desprezada e odiada, [31/32] que me apareceu como figura mais tola? Ai daqueles que contemplam sua alma e a apalpam com as mãos! Sou impotente em tua mão, meu Deus.

"As grávidas pertencem ao destino". Agora deixa-me ir, ascendo para os espaços eternos["].

Nunca mais ouvirei tua voz? Ah, maldita ilusão – o que pergunto? Amanhã voltarás a falar comigo, tagarelarás sem parar no espelho –

"Espera para ver e não blasfemes Estarei presente e não presente, tu me ouvirás [32/33] e não me ouvirás, serei e não serei".[18]

Professas enigmas.[19]

"Esta é a minha linguagem, e deixo contigo a compreensão. Ninguém além de ti tem a tua alma. Ela está contigo em todos os momentos, e tu a vês nos outros, e assim ela nunca está contigo. Queres apoderar-te daquelas pessoas que aparentam possuir a tua alma. Verás que elas não a possuem, que só tu a possuis. Assim estás sozinho na companhia de pessoas, estás na multidão, mas assim mesmo só. Solidão com muitos – reflete sobre isso".

Suponho que, depois disso, eu deveria me calar, mas não consigo, meu coração humano sangra quando vejo como tu [33/34] me abandonas.

---

17 Cf. Jo 12,3: "Maria pegou então um frasco de um perfume de nardo puro muito caro, ungiu os pés de Jesus e os enxugou com os cabelos. A casa ficou toda perfumada."
18 Na entrada da casa de Jung, havia uma inscrição que dizia: *"Vocatus atque non vocatus, Deus aderit"* (Chamado ou não, Deus estará presente). Ele usou essa inscrição também em seu ex-libris. A citação, do oráculo délfico, foi reproduzida na obra do humanista renascentista holandês Erasmo *Collectanea adagiorum*, uma coleção de provérbios de autores clássicos. Cf. SHAMDASANI, S. *C.G. Jung: uma biografia em livros*, p. 45ss.
19 No *LN*, esta expressão foi substituída por "Falas de maneira horrivelmente enigmática" (p. 402).

"Deixa-me ir. Retornarei para ti em forma nova. Vê o sol, como ele, com seu brilho dourado, desce atrás das montanhas. A obra deste dia está consumada, e um novo sol retornará. Por que choras pelo sol de hoje?"

Cairá a noite?

"Não é ela a mãe do dia?"

Eu me desespero diante desta noite.

"Por que lamentas? Destino – deixa-me ir – crescem-me asas, e a saudade [34/35] da luz eterna brota poderosamente dentro de mim. Não podes mais me segurar. Segura tuas lágrimas e deixa-me subir com gritos de júbilo, deixando para trás todo peso. Tu és um homem da roça, pensa em tua safra. Sinto-me leve como o pássaro que conquista o céu matinal. Não me seguras, não lamentas, já estou flutuando, o grito de júbilo da vida irrompe de mim, não consigo segurar por mais tempo o meu prazer supremo – preciso subir – aconteceu – o último laço se rompeu – minhas asas me elevam poderosamente – mergulho para o alto no mar da luz. [35/36]

Tu que estás lá embaixo, homem distante do crepúsculo – tu desapareces de minha vista – "

―――――

Para onde foste? Algo aconteceu – estou como que paralisado. Deus não desapareceu da minha vista?

Como é pobre e erma esta terra![20] Onde está o Deus?

O que aconteceu?

―――――

―――――

Devo retornar para o lugar em que tu desapareceste de minha vista.[21] Que vazio – que vazio abissal. Devo proclamar às pessoas onde e como desapareceste? [36/37] Devo sair e pregar o evangelho da solidão mais profunda e abandonada por Deus? Devo dizer: Sois e deveis ser solitários – vossa alma desapareceu?[22]

Devemos todos ir para o deserto e cobrir nossa cabeça com cinzas, já que o Deus nos abandonou?[23]

20　A oração precedente não foi reproduzida no *LN*.
21　A oração precedente não foi reproduzida no *LN*.
22　A oração precedente não foi reproduzida no *LN*.
23　Os dois parágrafos seguintes não foram reproduzidos no *LN*.

Ah, ele desapareceu apenas para mim. Todos os outros, eles não o sentiram, e, por isso, ele nunca lhes desapareceu.

O que acontecerá, e que caminho a vida seguirá?

Reconheço e acredito que minha alma[24] seja algo distinto de mim. [37/38] Ela[25] se elevou com alegria jubilosa – eu permaneço aqui em dor cega, despido de toda esperança e de toda luz.[26]

Não mais com minha alma,[27] mas a sós comigo mesmo –

[28]Esse camarada é meticuloso e crítico. Nunca o desejei como companheiro. No entanto, sua companhia me é imposta. Viver com ele sob o mesmo teto não é pouca coisa – prefiro, talvez, uma mulher maldosa ou, pelo menos, um cachorro – mas o próprio eu – isso me aterroriza, pois ele é terrivelmente entediante e de monotonia mortal. Além disso, possui muitas propriedades ruins. Sobretudo, falta-lhe [38/39] admiração própria e apreço correto de si mesmo. Parece que será uma tarefa educacional para que alguma coisa aconteça.

---

[29]Então ouve, querido eu, juntos estamos sozinhos e nosso convívio ameaça tornar-se insuportavelmente entediante.[30] Portanto, quero fazer algo, por exem-

---

24 No *LN*, essa expressão foi substituída por "o Deus" (p. 403).
25 No *LN*, "Ele" (ibid.).
26 No *LN*, a cláusula precedente foi substituída por "Eu estou na noite dos sofrimentos" (ibid.).
27 No *LN*, essa expressão foi substituída por "Deus" (ibid.).
28 O parágrafo seguinte não foi reproduzido no *LN*. Em vez disso, *Liber Secundus* termina com: "Fechai-vos agora, portões de bronze que eu abri para dar vazão ao dilúvio da destruição e da morte sobre os povos, que eu abri para ajudar o Deus em seu nascimento./Fechai-vos, montanhas vos soterrem, mares vos afoguem./Eu cheguei ao meu Si-mesmo, uma figura insegura e lastimável. Meu eu! Eu não desejei este sujeito para meu companheiro. Eu me encontrei com ele. É preferível uma mulher má ou um cão feroz, mas o próprio eu – fiquei horrorizado!/Uma obra é necessária sobre a qual se pode desperdiçar dezenas de anos, necessariamente se deve desperdiçar. Eu tenho de recuperar um pedaço de Idade Média em mim. Terminamos mal e mal a Idade Média no outro. Tenho de começar cedo, naquele tempo em que os eremitas desapareceram. Ascese, inquisição, tortura estão à mão e se impõem. O bárbaro precisa de meios bárbaros de educação. Meu eu, tu és um bárbaro. Quero viver contigo, por isso vou arrastá-lo através de todo um inferno medieval, até que sejas capaz de tornar suportável a vida contigo. Deves ser recipiente e mãe geradora da vida, portanto vou purificar-te./A pedra de toque é o estar só consigo mesmo./Este é o caminho" (p. 404).
29 A transcrição dos *Livros negros* para *Aprofundamentos* no outono de 1917 começa aqui, com o seguinte parágrafo adicional de abertura: "Eu resisto, não posso aceitar esse nada vazio que eu sou. O que sou? O que é meu eu? Eu sempre pressuponho meu eu. Agora ele está diante de mim – eu diante do meu eu. Falo agora contigo, meu eu:" (p. 407).
30 "Temos de fazer algo, pensar num passatempo" foi acrescentado aqui no *LN* (p. 407).

plo, educar-te. Tua falha principal[31] é que não tens uma autoestima apropriada. Vê, outras pessoas possuem isso em excesso.[32] Tu possuis uma série de propriedades positivas das quais podes te orgulhar. Acreditas que a arte é justamente fazer isso. Naturalmente, essa é a arte. Mas artes podem ser aprendidas em certa medida. Por favor, faze isso. Achas [39/40] isso difícil – bem, todo começo é difícil.[33] Logo serás capaz de fazê-lo melhor. Duvidas? – Isso não adianta nada, é necessário, caso contrário não posso existir[34] contigo. Desde que minha alma[35] voou para o céu,[36] dependemos um do outro, e é preciso que sejas sensato e assumas uma postura aceitável,[37] caso contrário teremos uma vida conjunta miserável. Por isso, toma juízo e valoriza a ti mesmo,[38] admira-te, dize a ti mesmo que tens méritos incomparáveis e dons admiráveis. Não queres? –

Figura lamentável! Eu te torturarei um bocado se não te esforçares. O que estás lamuriando? [40/41] Outros conseguem fazer isso melhor do que tu? Por que comparar-te a outros? Existem alguns que são ainda piores do que tu.

És incrivelmente teimoso.[39] Talvez o chicote ajude?

Ah, isso dói na carne, toma mais um e mais um –

Qual é o sabor? De sangue, provavelmente – in majorem Dei gloriam[40] – queres mais?[41]

Ou preferes amor – ou seja lá como chamam isso? É possível educar também com amor quando as chicotadas não surtam efeito. Então eu te amarei.[42] Eu te abraço como sinal visível do meu amor.

Isso é sério o bastante? Realmente acredito que estás bocejando. [41/42] Pareces ser incorrigível. Que convívio lindo isso será a longo prazo.

---

31 "que me ocorre de imediato" foi acrescentado aqui no *LN* (ibid.).
32 A linha precedente não foi reproduzida no *LN*.
33 "Todo começo é difícil" é um provérbio do Talmude.
34 No *LN*, essa palavra foi substituída por "viver" (ibid.).
35 Essa expressão foi substituída por "o Deus" no *LN* (ibid.).
36 No *LN*, foi acrescentado aqui: "e não sei em que céu de fogo ele se expande para fazer não sei o quê" (ibid.).
37 No *LN*, a cláusula precedente foi substituída por "Por isso precisas pensar em melhorar" (ibid.).
38 O restante dessa oração não foi reproduzido no *LN*.
39 O parágrafo precedente e a oração precedente não foram reproduzidos no *LN*.
40 "Para a glória maior de Deus". Este era o lema dos jesuítas.
41 A cláusula precedente não foi reproduzida no *LN*.
42 Em vez disso, *LN* diz: "Devo, pois, amar-te? Apertar-te carinhosamente contra mim?" (p. 407). As seis próximas orações não foram reproduzidas no *LN*.

O quê, queres falar? Mas eu não permito que fales, senão acabarás alegando que és minha alma; mas sabe a palavra mágica: minha alma ascendeu para o céu, para as fontes da luz eterna.[43] Tu não és minha alma, és <u>apenas</u> eu[44] e, como tal, és um meio-ser estranhamente antipático, que, corretamente, não se dá muito valor.

Tu levas qualquer educador ao desespero, pois algo tão sensível e carente como tu é raro.[45] [42/43]

Sinto muito ter que te dizer tais verdades. Tens pena de ti mesmo[46] e és teimoso, rebelde, desconfiado, misantrópico, covarde, desonesto contigo mesmo, nada amável, venenoso e vingativo. Livros poderiam ser escritos sobre teu orgulho infantil e tua sensibilidade. És péssimo em fazer teatro e tu abusas disso onde e como podes.[47]

Achas que é divertido coexistir com um camarada igual a ti?[48] Não e três vezes não — mas eu prometo esticar-te no torniquete e arrancar tua pele aos poucos. Então terás a oportunidade de criar uma nova.[49] Assim, talvez, será mais fácil conviver contigo.

Querias criticar os outros? [43/44]

Vem aqui, eu costurarei um remendo de pele nova em ti para que ~~vês~~ sintas como é.

Reclamas que a tortura[50] ainda não terminou?

Eu te digo: ela apenas acaba de começar. Pois tu também não tens um pingo de paciência;[51] apenas quando se trata da tua diversão, elogias a tua paciên-

---

43 No *LN*, a oração precedente foi substituída por: "Mas saibas que minha alma está com o verme de fogo, com o filho de rã que voou para o sobrecéu, para as fontes superiores. Sei eu o que ele faz lá?" (p. 407).

44 No *LN*, a cláusula precedente foi substituída por "mas meu simples e vazio nada" (p. 407).

45 No *LN*, o parágrafo precedente foi substituído por: "Com você é possível ir ao desespero: teus melindres e tua cobiça ultrapassam qualquer medida razoável. E contigo é que devo viver? Devo sim, desde que aconteceu a maravilhosa desgraça que me deu um filho e o tomou" (p. 408).

46 No *LN*, essa palavra foi substituída por "ridiculamente melindroso" (ibid.).

47 No *LN*, a oração precedente foi substituída por: "sobre teu orgulho infantil, tua ambição de poder, teu desejo de dominar, tua ambição ridícula, sede de glória quase não se pode falar sem sentir-se mal" (ibid.).

48 A cláusula precedente foi substituída no *LN* por: "um nojo viver contigo?" (p. 408).

49 No *LN*, as três orações seguintes foram substituídas por: "Tu, exatamente tu, quiseste cortar o mesmo na casaca de outras pessoas?/Vem cá, vou costurar-te um remendo na pele para que sintas como é bom./Queres queixar-te de que os outros te fizeram injustiça, não te entenderam, te interpretaram mal, te ofenderam, te preteriram, não te deram o devido valor, te acusaram injustamente e o que mais? Vês nisso tua vaidade, tua vaidade eternamente ridícula?" (ibid.).

50 No *LN*, essa palavra foi substituída por "tormento" (ibid.).

51 No *LN*, a oração precedente foi substituída por: "Não tens paciência nem seriedade" (ibid.).

cia. Além disso, não tens nenhuma. Por isso, duplicarei teu tormento, para que adquiras uma noção correta de paciência.

Consideras insuportável a dor. No entanto, existem coisas que doem ainda mais, e és capaz de causá-las a outros [44/45] com admirável ingenuidade.[52] Assim, coloco minha lima no fogo até ela arder e então eu continuo a te lixar com o ferro, vermelho de tão quente.[53]

Achas que não consegues mais. É possível conseguir até mais do que isso, ou seja, calar-se.[54] Para tanto, pretendo arrancar tua língua, que usaste para blasfemar, zombar e fazer piadas. Usarei agulhas para prender cada uma de tuas palavras injustas e depravadas ao teu corpo, para que sintas como as palavras más espetam.

Confessas que tu também extrais prazer de teu tormento? Aumentarei este prazer até vomitares, para que saibas o que significa ter prazer no tormento próprio. [45/46]

Tu te indignas contra mim? Mas eu aperto ainda mais o torniquete[55] e aplicarei anéis de ferro até perderes qualquer prazer na indignação.

Esmagarei todos os teus ossos, até não restar qualquer traço de dureza em ti.

Pois quero conseguir conviver contigo – não tenho escolha – que o diabo te leve – pois és meu eu, que sou obrigado a arrastar comigo até o túmulo. Achas que eu queira eu queir uma amolação como tu como eterno companheiro?[56] Se tu não fosses eu, há muito eu teria te dilacerado – não, [46/47] eu teria te largado em teu cantinho de sensibilidade, onde terias sufocado por conta própria e lentamente, o que também teria sido um belo fim.

Assim, porém, estou condenado a te arrastar por todo um inferno medieval,[57] até aprenderes a te comportar um pouco. Antes, porém, o diabo conviverá contigo.[58]

Invocas a ajuda de Deus? Que bom que Deus está tão longe e não te ouve; no fim, ele ainda se compadeceria de tua inutilidade[59] e estragaria com uma

---

52 "e te escusas como sendo desconhecimento" foi acrescentado aqui no LN (ibid.).
53 A oração precedente não foi reproduzida no LN.
54 As duas orações precedentes foram substituídas no LN por: "Mas tu aprenderás a calar" (ibid.).
55 O restante dessa oração não foi reproduzido no LN.
56 A cláusula precedente foi substituída no LN por: "Pensas que eu quero carregar em torno de mim esse traste pelo resto de minha vida?" (p. 408-409).
57 No LN, essa expressão foi substituída por "purgatório" (p. 409).
58 A oração precedente não foi reproduzida no LN.
59 Essa parte precedente dessa oração foi substituída no LN por: "O velho e amoroso Deus morreu, e é bom assim, senão ele teria compaixão de tua pecaminosidade arrependida" (p. 409).

graça toda a minha execução. Mas nós nos encontramos num lugar seguro, onde ninguém te ouve.[60] Minha alma voou para o céu, e assim finalmente temos uma oportunidade imperturbada de [47/48] acertar as nossas contas.[61]

Vai, reluta e sua sangue. Há tempos que precisas desse tratamento.[62]

Querias ser superior! Risível![63] Eras mais inferior do que qualquer coisa. Queres que eu te conte a história mais longa sobre isso? Dez trombetas encherão teus ouvidos com ela, para que sejas curado para sempre de tua superioridade.

Estás quieto agora e um pouco impotente? Então te deitarei num canto, onde poderás ficar deitado até recuperares o teu fôlego.[64] Se não sentires mais nada, esse procedimento [48/49] é inútil. Tudo deve ser feito com destreza.

O procedimento é bárbaro, mas eficiente. O homem moderno precisa de revisão.[65] O fato de ele precisar de recursos educacionais tão bárbaros não fala em seu favor. O progresso desde a Idade Média parece ter sido modesto.[66]

A pedra de toque é o estar sozinho consigo mesmo.

Este é o caminho para a valorização de si mesmo.[67]

---

60 A cláusula precedente não foi reproduzida no *LN*.
61 No *LN*, a oração precedente foi substituída por: "Tu precisas saber que ainda não surgiu nenhum Deus de amor ou um Deus amoroso, mas um verme de fogo arrastou-se para o alto, uma figura gloriosamente assustadora" (ibid.).
62 O seguinte foi acrescentado aqui no *LN*: "Sim – outros sempre cometem injustiças – e tu? Tu és o inocente, o justo. Precisas defender o teu bom direito e tens um bom e amoroso Deus a teu lado, que sempre perdoa pecados misericordiosamente. Os outros têm de chegar ao conhecimento, tu te apossaste de todo conhecimento desde sempre e estás plenamente convencido de teu direito. Portanto, clama com todas as forças a teu bom Deus – ele vai ouvir-te e fazer cair fogo sobre ti. Não percebeste ainda que teu Deus se tornou um verme de fogo com crânio chato, que se arrasta sobre a terra com um calor abrasador?" (ibid.).
63 No *LN*, o restante desse parágrafo foi substituído por: "Estavas por baixo. Estás por baixo. Quem realmente és? Um refugo que me causa nojo" (ibid.).
64 A cláusula precedente foi substituída por "até que voltes novamente a ti" (ibid.).
65 As duas orações precedentes não foram reproduzidas no *LN*.
66 Em 1930, Jung afirmou: "Um movimento de volta para a Idade Média é um tipo de regressão, mas não é pessoal. É uma regressão histórica, uma regressão para o passado do inconsciente coletivo. Isso sempre ocorre quando o caminho à frente não está livre, quando há um obstáculo diante do qual você recua; ou quando precisa de algo do passado para escalar o muro à frente" (VS, vol. I, p. 148). Naquele tempo, ele começou a estudar intensamente a teologia medieval – cf. *Tipos psicológicos* (1921). OC 6, cap. 1, "O problema dos tipos na história do pensamento antigo e medieval".
67 As duas orações anteriores foram colocadas no fim do *Liber Secundus*, modificando a última como: "Este é o caminho" (p. 404).

20. IV. 14.[68]

Você ainda não avançou muito.[69] Hoje ~~tens~~ voltaste a te sentir inferior. Queres que te diga por quê?

Tens uma sede de honra infinita. Teus motivos[70] não são em prol da coisa, mas [49/50] da honra. Trabalhas não para as pessoas, mas para ti mesmo.[71] Não visas ao aperfeiçoamento da questão, mas ao teu reconhecimento.[72] Por isso, quero colocar sobre tua cabeça uma coroa de espinhos de ferro.[73] Que essa lauréola te baste.[74]

E agora chegamos à terrível fraude que promoves com teu intelecto.[75] És mais eloquente do que outros, por isso abusas de tua habilidade e descolores e amenizas, reforças e retocas sempre que podes e proclamas em voz alta a tua honestidade e credulidade. Com malícia, fazes com que outros se deem mal, basta que caiam em tuas armadilhas.[76] Tu exploras sua ingenuidade para poder [50/51] exibir-te como o esperto e superior.[77] Finges modéstia e não mencionas teus méritos, na esperança certa de que outra pessoa faria isso por ti, e quando isso não acontece, ficas decepcionado e, magoado, te retiras.

Tu amas efeitos – sim, se fosse pelo menos para o bem dos outros!~~;~~ Mas tu os invejas por ~~isso~~ eles – tu os amas para ti mesmo. Não tens como impedir que amas ouvir-te falar. Amas ouvir especialmente os teus afetos na fala – mas não para o bem dos outros, mas exclusivamente para o teu próprio bem. Empregas palavras incomuns e, silenciosa e modestamente, como que de passagem, inseres citações, para aludir de forma embaraçada à tua grande erudição. [51/52] Onde está tua vergonha? Descarado![78]

---

68 Segunda-feira. Jung atendeu três pacientes. No mesmo dia, ele se demitiu como presidente da Associação Psicanalítica Internacional (*Freud/Jung Letters*, p. 613).
69 A oração precedente não foi reproduzida no *LN*.
70 Essa palavra foi substituída por "razões" no *LN* (p. 409).
71 No *LN*, essa palavra foi substituída por "interesse pessoal" (p. 410).
72 "mas ao teu reconhecimento" foi substituído no *LN* por "mas o reconhecimento geral e a preservação de teus privilégios" (ibid.).
73 "tem os dentes no interior e que penetram na tua carne" foi acrescentado aqui no *LN* (ibid.).
74 A oração precedente não foi reproduzida no *LN*.
75 No *LN*, essa palavra foi substituída por "esperteza" (p. 410).
76 "e ainda falas de tua superioridade benfazeja e da felicidade que tu significas para os outros" foi acrescentado aqui no *LN* (ibid.).
77 A oração precedente não foi reproduzida no *LN*.
78 Os dois parágrafos precedentes não foram reproduzidos no *LN*.

Hipocritamente, pregas serenidade, mas quando realmente importa, tu ficas calmo? Não, não ficas, mentiroso miserável. Tu te consomes em raiva interior, teus olhos ardem de ódio.[79]

És malicioso e invejoso. Invejas o outro pela luz do sol.[80] Invejas todo bem-estar em tua volta e, impertinentemente, alegas o contrário.

Em teus pensamentos,[81] pensas rigorosamente apenas aquilo que te convém e, nisso, não sentes qualquer responsabilidade para com a humanidade. [52/53] No entanto, és responsável diante da humanidade por aquilo que fazes e pensas. Não tenta me convencer de que existe uma diferença entre pensar e fazer. Tu te apoias apenas em tua vantagem não merecida de não ser obrigado a dizer ou fazer o que pensas.

Mas até naquilo que fazes[82] és descarado quando ninguém te vê. Devo falar sobre isso?[83] Se outro te dissesse isto, ficarias mortalmente ofendido. Por causa disso, eu te esfolarei, para que agradeças aos outros quando te acusarem de um erro, e não importa se o fazem por amor ou ódio.[84]

E então – o que <u>pensas</u> realmente? Parece-me que [53/54] pensas até em pessoas, sem considerar sua dignidade humana, ousas pensar com eles para usá-los como peças em teu tabuleiro, como se fossem aquilo que pensas ou imaginas que são.[85] Jamais passou por tua cabeça que, com isso, cometes um ato abominável de violência, tão grave quanto aquilo que condenas nos outros, ou seja, que eles maltratam o próximo com o assim chamado amor.[86] Teu pecado só floresce no escondido, mas é igualmente grande, implacável e vil. Abusas da ocultação do teu pensamento, ardiloso![87] No entanto, arrastarei ~~acima~~ para

---

79 No *LN*, a cláusula precedente foi substituída por "e sonhas com vingança" (p. 410).
80 "pois gostarias de dividi-lo com aqueles que tu favoreces, porque eles te favorecem" foi acrescentado aqui no *LN* (p. 410).
81 "Em teu íntimo" no *LN* (p. 410).
82 Essa expressão não foi reproduzida no *LN*.
83 A oração precedente não foi reproduzida no *LN*.
84 A oração precedente foi substituída no *LN* pelo seguinte: "Queres censurar os erros dos outros? Para que melhorem? Mas confessa, tu melhoraste? Donde tiras o direito de julgar os outros? Onde está teu autojulgamento? E onde estão os bons fundamentos que sustentam isto? Teus fundamentos são teias mentirosas que encobrem um canto sujo. Julgas os outros e lhes mostras o que deveriam fazer. Isto o fazes porque não tens nenhuma ordem contigo mesmo, mas porque não és limpo" (p. 410).
85 As duas últimas palavras não foram reproduzidas no *LN*.
86 "como dizem, mas que na realidade os explorem em seu proveito" foi acrescentado aqui no *LN* (p. 411).
87 A oração anterior não foi reproduzida no *LN*.

a luz a tua vergonha, como nunca [54/55] te aconteceu. E tu dirás: "Amém", gemerás: "Amém".[88]

Esmagarei a fama de tua superioridade com os pés e a pisotearei nas fezes.[89]

Tudo isso te acontecerá por causa do teu sentimento de inferioridade, do qual abusas dia após dia para esquivar-te de tua tarefa.

Eu te perguntei se te sentes inferior? ~~Aí~~ Esse tipo de pergunta não existe. Tu só deves cumprir. Trata-se do assunto, não de teus sentimentos de criação infantil.

E nem me fala de teu amor por outros. Aquilo que chamas amor [55/56] jorra interesse próprio, avareza e ganância.[90] Aquilo que chamas amor é uma trouxa complicada de interesses.[91]

Então, eu te peço, jamais ostenta teu amor. Cala-te sobre ele. Fico enjoado quando falas disso.[92]

[93]Que pena que não tenho dez mãos para te tratar com o chicote.

Quero derrubar todos os teus muros e demolir o teu castelo. Habitarás numa cabana miserável, onde todos poderão ver e zombar de tua pobreza e nudez. Já expuseste muita nudez, já zombaste e destruíste muitos outros. Agora [56/57] receberás a tua porção do mesmo.

Eu te obrigarei a proclamar em alta voz a tua vergonha e miséria, para que todas ~~ouçam~~ as pessoas ouçam a tua gritaria estridente e todos debochem de ti. Queimarei todo o teu conteúdo do qual te orgulhas para que fiques vazio como um vaso derramado. De nada mais te orgulharás senão de teu vazio e de tua desgraça admitida.

---

88 A oração anterior e a última cláusula da oração anterior não foram reproduzidas no *LN*.

89 A cláusula anterior não foi reproduzida no *LN*. Os dois parágrafos seguintes não foram reproduzidos no *LN*.

90 No *LN*, as duas palavras anteriores foram substituídas por "cobiça" (p. 411).

91 No *LN*, essa oração foi substituída por: "Porém falas dele com palavras altissonantes, mas quanto mais enfáticas as palavras, mas lamentável é o teu chamado amor" (ibid.).

92 No *LN*, o parágrafo precedente foi substituído por: "Não me fales nunca de teu amor. Mantém tua boca fechada. Ela mente" (ibid.).

93 No *LN*, o restante desse registro foi substituído pelo seguinte: "Quero que fales de tua vergonha e que, ao invés de palavras altissonantes, provoques um ruído dissonante diante daqueles cuja consideração quiseste conquistar à força. Tu mereces desprezo, não consideração./Quero extinguir de ti teu conteúdo do qual te orgulhavas, para que fiques vazio como vaso derramado. Não deves mais ter orgulho de nada a não ser de teu vazio e miserabilidade. Devias ser vaso da vida, portanto imola teus ídolos./A ti não pertence a liberdade, mas a formalidade, não a força, mas o suportar e receber./Deves fazer do menosprezo de ti mesmo uma virtude que eu estenderei diante das pessoas como um tapete. Elas pisarão nele com pés sujos e verás que és mais sujo do que todos os pés que pisam sobre ti" (*LN*, p. 411).

Serás recipiente e ventre da vida. Então mata todos os ídolos mortos dentro de ti.

Com esforço deves abandonar aquilo que os outros precisam fazer a despeito de seu esforço. [57/58] A ti pertence não a liberdade, mas a forma, não a força, mas o receber e o sofrer. Deves transformar o menosprezo de ti mesmo em virtude, que estenderei diante da humanidade como um tapete. Que os homens pisem nele com pés sujos. Não podes te queixar. Pois és ainda mais sujo do que os pés que passam por cima de ti. Alguns pés até se limparão contigo. Dá graças aos céus por tua utilidade.

21. IV. 14.[94]

É risível, mas eu não sabia que, se eu domasse a minha besta, eu domaria também e ao mesmo tempo as bestas em minha volta.[95] [58/59]

A domesticação sempre começa por mim mesmo.[96] Não que eu tenha sido selvagem, não que tu, tolo irmão eu, tenhas sido selvagem. Outros foram selvagens. Mas quando outros se tornam selvagens, devo açoitar-te até suportares e perdoares tudo. Então poderei viver contigo. Quando alguém comete uma injustiça contra ti, eu te torturarei até a morte, até perdoares a injustiça sofrida e até agradeceres por ela, não só com a boca, mas também com teu horrível coração com sua irritabilidade infame.

Um ato de violência é vergonhoso, ~~mas~~ irritabilidade, também. Ela é o ato de violência do homem do não ato.[97]

Então, irmão em minha solidão, ouve: também preparei para ti todos os instrumentos [59/60] da câmara de tortura,[98] caso resolveres novamente a ser irascível.

Lembra: reconhecer, concordar, receber de forma amigável, abrir espaço, deitar-te, receber as chicotadas com gratidão, suportar zombaria e, depois,

---

94 Terça-feira. Jung atendeu sete pacientes.
95 No *LN*, a oração anterior foi substituída por: "Quando eu te domar, besta, darei oportunidade a outros para também eles domarem suas bestas" (ibid.).
96 No *LN*, a oração anterior foi substituída por: "O domar começa em ti, meu eu, em nenhum outro lugar" (ibid.).
97 No *LN*, a oração anterior foi substituída por: "Tua irritabilidade é tua forma específica de violência" (ibid.).
98 No *LN*, essa expressão foi substituída por "todo tipo de torturas" (p. 411).

nada disso ~~tem~~ aconteceu.⁹⁹ Deves apenas sentir-te inferior,¹⁰⁰ apresentar-te como mendigo e doar reinos com generosidade. Então ouvirás que tua ganância é ressaltada, e tu deverás admitir e concordar. Este é o caminho ao poder que sonhas possuir.

Tua alma ~~com~~, meu irmão [60/61] asno, subiu para a luz. Tu não és tua alma, apenas pertences à tua alma, e ela pertence à grande luz, que jamais se apaga. A vida do homem não alcança tua alma. Portanto, enche teu cálice com a poção amarga da inferioridade, pois tua alma ascendeu a alturas incomensuráveis.¹⁰¹

―――――

Ainda queres ser irascível? Espera, diabo,¹⁰² percebo que arquitetas planos secretos de vingança, tramas truques sutis com ardil satânico.¹⁰³ És apenas um idiota.¹⁰⁴ Não podes te vingar de forças naturais. Criança tola, queres [61/62] açoitar o mar? Sugiro que construas pontes melhores. É uma maneira melhor de gastar tua esperteza.

Tu te rendes?

Bom, nesse caso serás poupado da punição.

Por que estás te lamuriando?¹⁰⁵

Queres ser compreendido? Era só o que faltava. Compreende a ti mesmo, e és suficientemente compreendido.¹⁰⁶ As forças da natureza te entendem melhor do que tu a ti mesmo. Elas sempre visam ao teu ponto fraco, isso te mostra quão bem elas te entendem. É melhor entender a força da natureza, assim ela não te atinge.¹⁰⁷ [62/63]

---

99   A oração anterior não foi reproduzida no *LN*.

100 No *LN*, o restante desse parágrafo foi substituído por: "Deves suportar que chamem tua limpeza de sujeira e que ambicionem tua imundície, que considerem generosidade teu esbanjamento e louvem tua cobiça como virtude" (p. 411-412).

101 No *LN*, o parágrafo anterior foi substituído por: "Enche tua taça com a bebida amarga da inferioridade, pois não és tua alma. Tua alma está junto ao Deus em chamas e subiu queimando até a abóbada do céu" (p. 412).

102 Essa palavra não foi reproduzida no *LN*.

103 Essa expressão não foi reproduzida no *LN*.

104 No *LN*, essa palavra foi substituída por "destino".

105 Os três parágrafos anteriores não foram reproduzidos no *LN*.

106 No *LN*, o restante deste registro foi substituído por: "Com isso terás bastante trabalho. Filhos pequenos querem ser compreendidos. Compreende a ti mesmo; esta é a melhor proteção contra a irritabilidade e ela saciará teu desejo infantil de ser compreendido. Queres novamente transformar outras pessoas em escravos de tua cobiça? Mas sabes que eu devo viver contigo e que não vou mais tolerar em ti semelhante estado deplorável" (p. 412).

107 Mais tarde, Jung descreveu a autocrítica representada nessa seção inicial como o confronto com a sombra. Em 1934, escreveu: "Aquele que olha o espelho da água vê em primeiro lugar sua própria

8 de maio de 1914.[108]

Eu te apresento o que me comove. Fiz o que me ordenaram. Venho com relutância, e um leve medo me impulsiona.[109]

"Como estás distante."

É a tua voz, minh'alma? De quais alturas e distâncias falas?

"Estou acima de ti. Minha distância é uma distância de mundo. Tornei-me semelhante ao sol. Onde estás? Quase não consigo divisar-te em tuas neblinas".

Estou aqui embaixo na terra sombria, e meu olhar não te alcança. Mas tua voz me soa [63/64] mais próxima.

"Estou sentindo. O peso da terra me impregna, o frio úmido me envolve. Sou tomada por uma lembrança sombria de minhas dores passadas".

Não te rebaixes ao meu nível. Quero que algo de mim conserve a semelhança do sol. Caso contrário, não poderei descer ainda mais na escuridão da terra.[110] Deixa-me apenas ouvir a tua voz. Jamais desejarei rever-te em carne. Deixa-me uma palavra!

"Eu te deixarei uma palavra, queres que seja amor, que seja felicidade?"[111] [64/65]

Não me perguntes;[112] toma-a do mais profundo. Toma-a, talvez, de onde o medo flui até mim.

"Não posso e não quero, pois dali flui a fonte de tua criação".

Tu me vês e vês os meus atos. Sabes que sou inseguro.[113]

---

imagem. Quem caminha em direção a si mesmo corre o risco do encontro consigo mesmo. O espelho não lisonjeia, mostrando fielmente o que quer que nele se olhe; ou seja, aquela face que nunca mostramos ao mundo, porque a encobrimos com a *persona*, a máscara do ator. Mas o espelho está por detrás da máscara e mostra a face verdadeira. Esta é a primeira prova de coragem no caminho interior, uma prova que basta para afugentar a maioria, pois o encontro consigo mesmo pertence às coisas desagradáveis que evitamos, enquanto pudermos projetar o negativo à nossa volta. Se formos capazes de ver nossa própria sombra, e suportá-la, sabendo que existe, só teríamos resolvido uma pequena parte do problema. Teríamos, pelo menos, trazido à tona o inconsciente pessoal" ("Sobre os arquétipos do inconsciente coletivo", OC 9/I, § 43-44).

108 Sexta-feira. Jung atendeu seis pacientes. Como observado acima, em 20 de abril de 1914, Jung se demitiu como preletor da faculdade de medicina da Universidade de Zurique.

109 No *LN*, a oração anterior foi substituída por: "Depois que falei para meu eu essas e muitas outras palavras zangadas, percebi que comecei a suportar o estar sozinho comigo mesmo. Mas muitas vezes ainda insurgiu-se em mim a irascibilidade e todas as vezes tive de me açoitar por causa disso. E eu o fiz por tanto tempo até que tivesse desaparecido também a alegria nesta autotortura" (p. 412).

110 No *LN*, a linha precedente foi substituída por: "Caso contrário, perco a coragem de continuar vivendo cá embaixo na escuridão da terra" (p. 413).

111 A oração precedente não foi reproduzida no *LN*.

112 A cláusula precedente não foi reproduzida no *LN*.

113 No *LN*, a oração precedente foi substituída por: "Tu vês minha insegurança" (p. 413).

"O caminho inseguro é o caminho bom; nele estão as possibilidades. Sê firme e produze".

Ouço o esvoaçar de tuas asas. Sei que continuarei.[114] [65/66]

21. V. 14.[115]

Devo dirigir minhas palavras para o alto ou para baixo? Embaixo estás tu, meu irmão eu; em cima, tu, minh'alma.[116]

É duro, as vítimas caem à esquerda e à direita. E eu mesmo sou o mais crucificado por causa da vida.[117]

[118]Meu irmão, como gostas desta fala?

[119]"É amarga, e sofro muito!"

[120]Eu sei, mas não há como mudar isso. E tu, minh'alma? Perdoa-me, eu te invoco.[121]

"Sou tomado de muita felicidade". Tu me elevas ainda mais, minhas asas se estendem".

[122]Tu vives do sangue do coração humano.

[123]"Nenhuma ~~be~~ bebida me é mais agradável [66/67] do que o sangue tinto".

[124]Se não fosses minha alma que ascendeu aos espaços eternos, eu te chamaria o mais terrível flagelo dos homens. Mas quem te tocaria? Eu sei, o divino não é o humano. O divino consome o humano. Sei que é terrivelmente duro. Quem te toca com as mãos, jamais consegue apagar as brasas em suas mãos. Eu sou escravo de teu caminho.[125]

---

114 No LN, as duas orações precedentes foram substituídas por: "Eu sabia que o pássaro estava subindo mais alto, para além das nuvens, no brilho de fogo da divindade expandida" (ibid.).
115 Quinta-feira.
116 No LN, esse parágrafo foi substituído por: "Voltei-me para meu irmão, o eu; estava parado, muito triste e olhava para o chão, soluçava e teria preferido estar morto, pois o peso da tristeza imensa o afligia. Mas saiu de mim uma voz e disse as palavras:" (p. 413).
117 No LN, a oração precedente foi substituída por: "e tu estás crucificado por amor à vida" (ibid.).
118 "E eu disse ao meu eu" foi acrescentado aqui no LN.
119 "Ele suspirou fundo e lamentou:" foi acrescentado aqui no LN.
120 "Ao que respondi:" foi acrescentado aqui no LN.
121 No LN, as duas orações precedentes foram substituídas pelo seguinte: "Eu, porém, não sabia o que, pois ainda ignorava o que o futuro reservava (isto aconteceu em 21 de maio de 1914). No cúmulo da tristeza, olhei para as nuvens no alto, gritei por minha alma e a interroguei. Escutei perfeitamente sua voz amiga e clara que respondeu:" (p. 413-414).
122 "A estas palavras, fui tomado de amargura e gritei:" foi acrescentado aqui no LN (p. 414).
123 "Ouvi que ela ria – ou não riu?" foi acrescentado aqui no LN (ibid.).
124 "Fui tomado de raiva incontida e gritei:" foi acrescentado aqui no LN (ibid.).
125 No LN, essa expressão foi substituída por "ti" (ibid.).

A: [126]"Deixa que as vítimas sangrentas caiam ao seu lado. Não tu és duro, isso é necessariamente duro e cruel. O caminho da vida está coberto de corpos dos que caíram".

Meu Deus, um verdadeiro campo de batalha! Meu irmão, o que há contigo? [67/68] Estás gemendo?

[127]E: "Por que não gemeria? Eu me carrego de mortos e mal consigo arrastar seu número".

[128]És pagão, meu amigo! Não ouviste que foi dito: "Deixai que os mortos enterrem seus mortos!" Por que carregarias os mortos? Tu não os ajudas quando os carregas.

[129]E: "Mas tenho pena dos coitados mortos, eles não alcançam a luz. Talvez, se eu os arrastar – ?"

O que pensas? Suas almas alcançaram o que puderam alcançar. Então encontraram o destino. Acalma-te, acontecerá o mesmo conosco. Não podes fazer o impossível.[130] [68/69] Tua compaixão é doentia.

[131]A: "Não lhe tires a compaixão. A compaixão une morte e vida[132] e é uma ponte da morte para a vida. Existem também os aparentemente mortos e os inconscientes. Com compaixão, talvez eles consigam acompanhar".

Teu conselho sa é sábio e vem na hora certa. Que meu irmão tenha compaixão.[133]

23. V. 1914.[134]

Naquela hora de meu maior tormento, tu, minh'alma, subiste para o céu.[135] Por que fizeste isso?[136]

"Por necessidade interior".

---

126 "Não fiques zangado, não te queixes" foi acrescentado aqui no *LN* (ibid.).
127 "Respondeu então meu eu:" foi acrescentado aqui no *LN* (ibid.).
128 "Mas não entendi meu eu e por isso falei o seguinte:" foi acrescentado aqui no *LN* (ibid.).
129 "Meu eu falou então em voz lamuriosa:" foi acrescentado aqui no *LN* (ibid.).
130 A oração precedente não foi reproduzida no *LN*.
131 "Mas a minha alma gritou de longe:" foi acrescentado aqui no *LN* (ibid.).
132 O restante desse parágrafo não foi reproduzido no *LN*.
133 A oração precedente não foi reproduzida no *LN*.
134 Sábado. Jung atendeu seis pacientes.
135 No *LN*, a linha precedente foi substituída por: "Estas palavras de minha alma me surpreenderam. Ela falava de compaixão, ela que, sem compaixão, subiu para o alto em companhia do Deus, e eu lhe perguntei:" (p. 414).
136 "Pois minha irritabilidade humana não compreendeu a atrocidade daquela hora" foi acrescentado aqui no *LN* (ibid.).

Em que ela consistia?¹³⁷

"Meu destino não é estar em vosso mundo. Eu me sujo [69/70] nos excrementos de vossa terra".

Os excrementos da terra não são sagrados?

"Sim e não. O solo da terra é sagrado, mas não o excremento. Excremento é excremento", terra é terra".

Foi um erro meu que te levou a subir novamente?¹³⁸

"Não, foi uma necessidade interior. Eu pertenço ao alto".

Ninguém sofreu uma perda insubstituível nesse teu desaparecimento?

"Ao contrário – benefício máximo. Tu não percebeste isso?"¹³⁹

Quando ouço o que as pessoas dizem sobre isso, eu tenho algumas dúvidas. [70/71]

"O que tu percebeste? Por que aquilo que tu vês sempre deve ser falso? És uma criança ou um tolo?"

Às vezes, quase me parece que sou.¹⁴⁰

"Assim cometes tua injustiça especial, fazendo um tolo de si mesmo. Por que, para variar, não consegues permanecer em teu caminho?"

Tu sabes o que aconteceu em nome do amor.¹⁴¹

"Não, aconteceu em nome de tua fraqueza, em nome de tua dúvida, em nome de tua descrença. Permanece em teu caminho e não fujas de ti mesmo. Existem uma intenção divina e uma intenção humana. Elas se cruzam em pessoas tolas e abandonadas por Deus, às quais, por vezes, tu também pertences".¹⁴² [71/72]

---

137 Os dois parágrafos precedentes não foram reproduzidos no *LN*.
138 No *LN*, os três parágrafos precedentes foram substituídos por: "Eu: E eu não sou terra? Não sou lama? Cometi um erro que te obrigou a seguir o Deus para os páramos superiores?" (p. 415).
139 A oração precedente não foi reproduzida no *LN*.
140 As duas orações precedentes não foram reproduzidas no *LN*.
141 No *LN*, a oração precedente foi substituída por: "Tu sabes que eu duvido por amor às pessoas" (p. 415).
142 No *LN*, Jung acrescentou aqui as seguintes reflexões: "Como eu não pudesse ver a que tudo isso se referia, sobre o que a alma falava e de que minha alma sofria (pois isto aconteceu dois meses antes da eclosão da guerra), queria entender tudo como acontecimento pessoal meu, não conseguindo por isso compreender tudo nem acreditar em tudo. Pois minha fé é fraca. E eu acho que é melhor que em nosso tempo a fé seja fraca. Nós somos frutos daquela infância em que a fé pura e simples era o meio mais indicado de levar a pessoa ao bem e ao razoável. Portanto, se quiséssemos também hoje ter novamente uma fé forte, voltaríamos assim para aquela infância primitiva. Mas nós temos tanta ciência e tanto ímpeto de conhecimento em nós que precisamos mais do conhecimento do que da fé. Mas a firmeza da fé haveria de perturbar nosso conhecimento. A fé pode ser algo forte, mas é algo vazio e muito pouco convivido pelo ser humano todo, se nossa vida com Deus se fundamenta exclu-

Tudo isso deve ser aceito? Sabes em que sentido pergunto isso, não é tolo e incrédulo perguntar assim, é uma dúvida de ordem maior.

"Eu te entendo, mas deve ser aceito".

A solidão me assusta.

"Melhores haverão de vir. Eles estão a caminho de tua casa e, em breve, baterão à porta".

Tantos batem à porta. Reconhecerei os certos?

"Nenhum equívoco é possível. Tu os reconhecerás".[143]

Temo também a loucura [72/73] que acomete os solitários.

"Como sabes, eu te predisse a solidão há muito tempo. Não precisas temer a loucura. Não serás *tão* solitário ao ponto de precisar temer loucura. Pois vês, tua obra floresce e produz frutos maravilhosos".

Isso ainda não é o fim de tudo.

"O que eu te predigo tem validade. Tua obra permanecerá. Apenas os cegos não conseguem ver isso".[144]

Um medo que não compreendo me atormenta.

"É a tua descrença, tua dúvida. Não queres acreditar na magnitude dos sacrifícios que são necessários. É tudo ou nada. Grandeza exige grandeza. Tu [73/74] ainda queres ser pequeno demais. Com isso, provocas apenas equívocos".[145]

---

sivamente na fé. Podemos nós de fato crer pura e simplesmente? Parece-me muito pouco. Pessoas que têm inteligência não podem crer pura e simplesmente, mas devem buscar o conhecimento com todas as suas forças. A fé não é tudo, nem o conhecimento. A fé não nos dá a certeza e a riqueza do conhecimento. A vontade de conhecer às vezes nos afasta demais da fé. As duas coisas têm de chegar ao equilíbrio./Mas é também perigoso crer demais, porque hoje cada qual tem de procurar seu próprio caminho e nele tropeçar num além cheio de coisas fortes e estranhas. Com fé em demasia, eu poderia facilmente tomar tudo literalmente e não seria nada mais que um louco. A infantilidade da fé falha com relação às nossas necessidades atuais. Precisamos do conhecimento discernidor para esclarecer a confusão que o descobrimento da alma veio trazer. Por isso talvez seja preferível aguardar melhores conhecimentos antes de aceitar tudo com muita fé" (p. 415-416). Em *Transformações e símbolos da libido*, ele escreveu: "Eu acho que a fé deveria ser substituída pelo entendimento" (CW B, § 356). Em 5 de outubro de 1945, ele escreveu a Victor White: "Iniciei minha carreira repudiando tudo que cheirava a crença" (LAMMERS, A.C. & CUNNINGHAM, A. (orgs.). *The Jung-White Letters*. Londres: Routledge/Philemon Series, 2007, p. 6).

143 Os três parágrafos precedentes não foram reproduzidos no *LN*.

144 No *LN*, os dois parágrafos precedentes foram substituídos por: "Essas palavras me encheram de intranquilidade, pois senti que não poderia aceitar o que minha alma predisse, porque eu não o entendi. Eu queria entendê-lo sempre em relação a mim mesmo. Por isso falei à alma" (p. 416).

145 A oração precedente não foi reproduzida no *LN*.

Eu não te falei sobre abandono? Queres que seja melhor para ti do que para os outros? E melhor do que para outros homens criativos?"[146]

Não, não. Mas temo cometer uma injustiça.[147]

"Não deves temer isso. Basta que temes. Outros nem mesmo o temem, mas o fazem descaradamente".

É amargo, e não tenho como te evitar.

"O que queres evitar? Não existe escapatória. Deves seguir a tua estrada, sem se preocupar com todos aqueles que caem por causa de ti.[148] Não deves [74/75] tornar-te o tolo dos outros,[149] não importa que sejam bons ou maus. Eles não têm o que tu tens".

O que tenho eu?

"Pergunta vã![150] Colocaste tua mão sobre o divino, o que aqueles não fizeram. Não perguntes de maneira tão insolente e ordinária.[151] É teu medo que te leva a isso".

Vejo diante de mim um palácio com inúmeras janelas e ouço: "A casa de meu pai tem muitas moradas"[152] – O que significa isso?

"Ai, reflete sobre isso". Para que perguntas? Consegues adivinhar sozinho. O medo te torna [75/76] estúpido. Tudo está claro demais. Mas tu não queres acreditar. Chega de provas! Tu te bastas.

24. V. 14.[153]

Fui golpeado na cabeça e acredito estar fazendo descobertas.

"Agora pode clarear".

Talvez para ti, minh'alma, mas não para mim.[154]

"Eu não te predisse solidão tenebrosa?"

---

146 A cláusula precedente não foi reproduzida no LN.
147 No LN, a oração anterior foi substituída por: "'Não', respondi. 'Não, não é este o caso. Mas eu temo fazer uma injustiça às pessoas seguindo meu próprio caminho'" (p. 416).
148 A cláusula precedente não foi reproduzida no LN.
149 A cláusula precedente não foi reproduzida no LN.
150 As duas orações anteriores não foram reproduzidas no LN.
151 No LN, o restante desse registro foi substituído pelo seguinte: "Eu não podia aceitar essas palavras, pois temia ser iludido. Por isso também não queria aceitar esse caminho que me forçava a uma conversa ambígua com minha alma. Eu teria preferido falar com pessoas. Mas sentia a compulsão para o isolamento e temia ao mesmo tempo a solidão de meu pensar que abandonou todos os trâmites costumeiros. Estando a pensar assim, a alma me falou:" (p. 417).
152 Uma citação de Jo 14,2: "Na casa de meu Pai há muitas moradas".
153 Domingo.
154 Os três parágrafos precedentes não foram reproduzidos no LN.

Eu sei, mas não imaginava que aconteceria assim. Tem de ser assim ou posso fazer algo?[155]

"Só podes dizer sim. O que queres fazer? Nada há [76/77] que fazer senão cuidar de teu assunto. Se algo deve acontecer, só poderá acontecer dessa forma. Não acontecerá através de outros".[156]

Então é inútil resistir à solidão?

"Totalmente inútil. Ela deve ser aceita. Deves ser forçado à tua obra".

Vejo diante de mim um homem velho com barba branca.[157] Ele é como um santo antigo, um dos primeiros cristãos ~~no~~ que viviam no deserto. Seu rosto é magro e emaciado.

O que queres, fala![158]

A[159]: Sou um homem sem nome, um dos muitos que viveram e morreram em solidão. O espírito do tempo e a verdade reconhecida exigiram x [77/78] isso de nós. Olha para mim – é isto que deves aprender. As coisas têm sido boas demais para ti. Apenas a solidão concede profundeza".[160]

Isto ainda é uma necessidade em nosso tempo tão multiplamente diverso?

"É verdadeiro hoje como ontem".

Isso é terrível.[161]

"Não esqueças que és um ser humano e deves sangrar em prol da humanidade.

Ouve, ainda és jovem demais para a tua idade. Estás ficando mais velho, os anos passam, e tua obra ainda não foi completada.[162] Exercita a solidão com zelo e sem queixa, para que tudo amadureça a tempo. Não deves morrer sem realizar-te. Teus [78/79] anos estão contados, e são necessários muitos anos até a tua realização.[163] Deves tornar-te sério, e tua palavra precisa ser pesada como ferro, deve se afundar no solo da humanidade. Abre mão do excesso de ciên-

---

155 A cláusula precedente não foi reproduzida no *LN*.
156 A oração precedente não foi reproduzida no *LN*.
157 No *LN*, a oração precedente foi substituída por: "Quando minha alma falou assim, aproximou-se de mim um velho de barba branca e rosto preocupado" (p. 417).
158 No *LN*, a oração precedente foi substituída por: "Perguntei-lhe o que queria de mim. Ele respondeu:" (ibid.).
159 Abreviação para "anacoreta".
160 A oração precedente não foi reproduzida no *LN*.
161 A oração precedente não foi reproduzida no *LN*.
162 As duas orações precedentes não foram reproduzidas no *LN*.
163 As duas orações precedentes não foram reproduzidas no *LN*.

cia. Lá está o caminho, não teu caminho.[164] Teu caminho vai para a profundeza, para o mais raro e profundo. Ciência é superfície, instrumento, língua.[165] Ainda precisas perceber com clareza a infantilidade da ciência".

Eu sou um escolástico?

"Isso não, mas és científico, a ciência é uma versão mais recente da escolástica. Isso deve ser superado".[166]

Já não chega? Eu não me oponho ao espírito do tempo se eu me dissociar de toda ciência?

["]Não deves te dissociar totalmente [79/80], mas contempla que a ciência é apenas tua linguagem".

Até quais profundezas exiges que eu avance?

"Sempre para além de ti mesmo e do atual".

Eu quero, mas o que acontecerá? Muitas vezes tenho a sensação de que não consigo mais.

"Deves trabalhar mais. Cria espaço. Muitos tomam teu tempo".

Virá também esse sacrifício?

"Tu deves, tu deves".

25. V. 14.[167]

Está apertado, como num caixão.[168]

Ainda não é noite de todos os dias.

O pior vem por último. [80/81]

A mão que bate primeiro bate melhor.

A tolice brota dos poços mais profundos e abundantemente como o Nilo.

A manhã é mais bela do que o anoitecer.

---

164 No *LN*, as duas orações precedentes foram substituídas por: "Deves ficar sério e por isso despede-te da ciência. Há nela infantilidade demais" (p. 417).
165 O restante desse registro não foi reproduzido no *LN*.
166 Jung escreveu em *Transformações e símbolos da libido*: "Historicamente falando, a Escolástica [...] é a origem do espírito científico moderno. O futuro verá claramente como e onde a Escolástica ainda fornece subsídios vivos à ciência de nossos dias" (CW B, § 30).
167 Segunda-feira. Jung atendeu sete pacientes. O seguinte foi acrescentado aqui no *LN*: "'Mas tu precisas ir à obra'./Eu não sabia a qual obra. Pois tudo era escuro. Tudo ficou difícil e duvidoso, uma tristeza infinda se apoderou de mim e permaneceu muitos dias sobre mim. Então ouvi, certa noite, a voz do velho. Ele falava devagar e ponderadamente, as frases que dizia me pareceram desconexas e tremendamente absurdas, de modo que fui tomado novamente pelo medo da loucura. Disse literalmente as seguintes palavras:" (p. 417-418).
168 A oração precedente não foi reproduzida no *LN*.

A flor exala seu perfume até murchar.

A geada vem no fim da primavera para cumprir o seu destino.

A loucura é o mais aceitável dos males, ela não é compreendida.[169]

[170]Meu querido Konrad,[171] teu senhor foi devorado pela melancolia. Sua alma está sentada no céu, e não há mais como descer. Portanto, não deves me puxar demais, caso contrário não consigo manter minha conexão com a alma. Como arrastas os mortos, isto é horrível. Mas minha alma concorda contigo. Portanto, não posso ser humano, mas [81/82] devo apoiar teu estranho tormento. Fazemos parte daqueles que foram mimados pelo destino. Nosso tormento é de um tipo nobre – outros não o veem.

Caso contrário nada te será perdoado. Ainda precisas conhecer a escuridão.

Queres saber para onde isso te levará?

Tu és imbecil. Esta é justamente a graça disso: não sabemos para onde vamos.

———

24 VI 14.[172]

———

Ah, este livro! Voltei a ter-te em mãos – banal e patológico, e frenético e divino, meu inconsciente escrito! Novamente, tu me colocaste de joelhos. Aqui estou, diz o que tens a dizer![173] [82/83]

"O provérbio é silencioso como vento suave nas folhas".

O que ele diz, ser surpreendente?[174]

"O maior vem ao menor".

[175]É essa a palavra? Interpreta para mim! Minha audição é ruim, e estou cheio de impaciência. Parece-me que algo não está certo. Pareço não ver com clareza. Várias coisas me excitam.

---

169 A oração precedente não foi reproduzida no *LN*.
170 O restante deste registro não foi reproduzido no *LN*.
171 No romance *Imago*, de Carl Spitteler, o protagonista chama seu corpo "Konrad". Freud e Jung adotaram esse uso. Cf. Freud a Jung, 4 de outubro de 1909, *Freud/Jung Letters*, p. 249.
172 Quarta-feira. Jung atendeu seis pacientes.
173 O parágrafo precedente não foi reproduzido no *LN*. Essa é a única referência ao "inconsciente" nos Livros 2-7.
174 Os dois parágrafos precedentes não foram reproduzidos no *LN*.
175 O restante deste registro não foi reproduzido no *LN* e substituído pelo seguinte: "Depois disso, nada mais foi dito. E então estourou a guerra. Abriram-se então meus olhos sobre muita coisa que eu

Ouço palavras estranhas dentro de mim, como: Tu és tolo, imbecil, cego, teu próprio macaco, uma bola nas mãos de outros. Por que um verme se alimentou de mim hoje? Estás mudo? Por que não te ouço?

"Por que não queres [83/84] – ou não consegues – me ouvir?"

O que isso quer dizer? Que quero ouvir quando falas?

"Por que não te livras daquele homem?"

Por que me livraria dele? Não posso me livrar de pessoas como se fossem roupas usadas.

"Mas tu podes mudar interiormente. Precisas ficar mais duro e determinado. Assim alcançarás um desfecho bom".

Eu me lembrarei disso. Estás falando do "homem" dentro de mim.

Deves representar o divino. Não te esqueças disso. [84/85][176]

21. VII. 1914.[177]

Preciso te encontrar. Viste como todos estes dias têm sido cheios de inquietação. Viste como é escuro o meu caminho. Hesito, incerto do caminho correto.

"Isto é tarefa tua".

Tarefa minha? Devo dizer que é este ou aquele?

"Perguntas inúteis – Deves saber o que fazes".

Estou ouvindo. Mas eu queria te dizer que desejo fazer o bem. Quero te encontrar para falar contigo, para te explicar que quero dar o meu melhor, não por mim, mas em prol da causa. Queria te dizer que estou incerto em relação aos caminhos futuros.

"Por que perguntas sobre caminhos futuros? [85/86] Vive o hoje plenamente. Este é o melhor caminho para o futuro. Ele é como tu o crias. Pensas longe demais. Sê sensato, permanece no hoje".

O que pensas sobre a oração?

---

havia vivido antes, e isto me deu também a coragem de dizer tudo o que escrevi nas partes anteriores deste livro" (p. 418).
176 Entre 4 de julho e 6 de julho, Jung estava de férias em Pontresina, no Engadino.
177 Terça-feira. Este registro não foi reproduzido no *LN*. Jung estava se preparando para a sua viagem a Londres.

Neste tempo, foram escritas as partes I e II do Livro Vermelho. Imediatamente após o início da guerra.[178]

3. 4 junho 15: [179]Hoje, quando estava remando, vi uma lontra perto de mim mergulhar repentinamente e tirar um peixe da água. Um sinal.[180]

Noite 3/4 VI 15.[181]
Sonho: cidade estranha – grandes tílias, um grande frio veio durante a noite, gelo nas ruas, as folhas distorcidas pela geada. Uma reflexão nítida no sonho, como é possível que, a despeito do grande calor dos últimos dias, esfriou tanto durante a noite, ~~xx~~ justamente em junho. (sonhos semelhantes antes da guerra)[182]

Assoc. sonhos anteriores desse tipo – nova guerra? Mudança – minha relação com o mundo – ~~int~~ crescente introversão – em frente M e Sch.[183] – a banha de lontra (= libido) que deve ser enterrada.[184] Comedimento – efeito contrário aos meus esforços.

---

178 Isso parece ser um acréscimo posterior em lápis; "do Livro Vermelho", por sua vez, parece ter sido inserido subsequentemente em outra caligrafia. De 1º de janeiro a 3 de janeiro de 1915, Jung estava de férias em Castagnola, no Ticino. Ele estava servindo no exército em Olten, em 4 de janeiro e novamente em 10 de março de 1915, dessa vez junto ao transporte de feridos.

179 Quinta-feira/sexta-feira. Jung atendeu um e sete pacientes, respectivamente. "A partir daí, calaram-se as vozes da profundeza durante todo um ano" foi acrescentado aqui no *LN* (p. 418). Em 4 de junho, Jung iniciou uma correspondência teórica com Hans Schmid sobre a questão dos tipos psicológicos (cf. *The Question of Psychological Types*: The Correspondence of C.G. Jung and Hans Schmid-Guisan, 1915-1916).

180 *LN* substitui a oração precedente por: "Ouvi a voz de minha alma que dizia: 'Isso é um sinal de que o inferior será trazido para cima'" (p. 418-419).

181 Este registro não foi reproduzido no *LN*.

182 Cf. a introdução, p. 34-35. Em 19 de julho, Conrad Schneiter fez uma apresentação diante da Associação para Psicologia Analítica sobre "Homossexualidade em Schreber", evidentemente reinterpretando as *Memoirs* de Daniel Paul Schreber, que Freud tinha analisado. Na discussão, Jung observou: "Para os gnósticos, o *diábolos* causa a descida da unidade e a entrada na multiplicidade (os centros dos sentidos). O entendimento concretista dos símbolos é diabólico – um assassinato da alma (daí projeção sobre Flechsig). É por isso que lembrar as origens é diabólico. (*Fausto 2*: "Assim, para a força criativa ativamente eterna, em frio desdém/agora te opões ao punho infernal... [I. 1.380ss.]). Porque, dessa maneira, o símbolo libertador será destruído. (O símbolo em si já é algo libertador)" (MAP, pp. 89-90).

183 Possivelmente uma referência a Maria Moltzer e Hans Schmid. Em sua carta a Jung de 6 de julho de 1915, Schmid escreveu: "Certa vez, num passeio de barco a motor, a senhorita Moltzer comparou os introvertidos a um barco a motor, e os extrovertidos a um barco a vela" (*The Question of Psychological Types*: The Correspondence of C.G. Jung and Hans Schmid-Guisan, 1915-1916, p. 64).

184 Isso parece se referir ao enterro da banha de lontra no "conto de fadas" no *Livro 4*. Cf. p. 269ss.

O que dizes? Estás certo – enterra a ti mesmo, assim crescerão outros. Queres que cresçam? Sim. Esse é o sacrifício de ti mesmo, assim pode crescer o teu filho.[185] Tu deves desaparecer. Não tens mais nenhuma opinião, nega todo significado. [86/87][186]

14. IX. 15.[187]

Vou virar-te com força. Quero dominar-te. Quero cunhar-te como uma moeda. Quero comercializar contigo. Tu serás comprado e vendido. Hermes é o teu daimon.[188] Deves ser passado de mão em mão. Não terás vontade própria. És a vontade do todo. Ouro não é senhor por vontade própria, mesmo assim domina o todo, desprezado e exigido ganaciosamente, um senhor do tipo implacável.[189] Fica deitado e aguarda. Quem o vê deseja-o avidamente. O ouro não corre atrás de ninguém. Ele permanece quieto, com semblante ofuscante, autossuficiente, um rei que não precisa provar seu poder. Todos procuram por ele, poucos o encontram, mas até o menor fragmento é altamente prezado. Ele não se dá, não se desperdiça. Todos o tomam onde o encontram e, com medo, cuidam para não perder nem a menor parte dele. Sempre tentam negar sua dependência dele, mesmo assim estendem secreta e ansiosamente sua mão para ele. O ouro precisa provar sua necessidade? Ela é demonstrada pela cobiça do homem. Ele pergunta: quem me aceita? Quem o aceita, este o tem. O ouro não se mexe. Ele dorme e brilha. Seu brilho confunde os sentidos. Sem palavras, promete tudo que parece desejável ao ser humano. Ele arruína aqueles que devem ser arruinados, ajuda àqueles que ascendem [87/88] à ascensão.

Uma reserva reluzente foi acumulada. Ele aguarda aqueles que o tomem. Que tribulações o homem não enfrenta por amor ao ouro? O ouro aguarda e não[190] abrevia as tribulações do homem. Quanto maior o esforço, maior o apreço.

---

185 Cf. *Livro 4*, p. 271ss.
186 Em 8 de julho, Jung assistiu a uma apresentação da ópera *A Flauta Mágica*, de Mozart. Em 18 de julho, ele estava de férias em Klosters.
187 Terça-feira. Jung atendeu seis pacientes. O seguinte foi acrescentado no *LN*: "Logo depois, numa noite de outono, ouvi a voz do velho (e dessa vez percebi que era ΦΙΛΗΜΩΝ). Ele disse:" (p. 419).
188 A oração precedente não foi reproduzida no *LN*.
189 Jung discutiu o simbolismo alquimista do ouro em *Mysterium Coniunctionis*, OC 14/2, § 5ss.
190 No texto constava "toma" (nimmt). No *LN*, essa palavra foi corrigida por "nicht" (não).

Ele é formado ~~formado~~ a partir do subterrâneo, do fogo líquido. Ele exsuda lentamente, escondido em veios e rochas. O homem emprega toda esperteza para escavá-lo e extraí-lo. Ele não se dá, mas permite que seja tomado.[191]

Filêmon, guardião da reserva, com fala ambígua exerces teu ofício.[192]

15 IX 15.

[193]Não só ensinar, mas também negar, pois por que eu teria ensinado? Quando não ensino, também não preciso negar. Mas quando ensino, devo depois negar. Pois quando ensino, dou ao outro o que ele deveria ter tomado. Bom é o que ele conquista; ruim, porém, é o efeito do presente que não foi conquistado. Desperdiçar a si mesmo significa: querer oprimir a muitos. Enganação cerca o doador, porque também [88/89] seu próprio empreendimento é enganoso. Ele é obrigado a revogar seus presentes e a negar sua virtude.

O peso do meu silêncio não é maior do que o peso do meu eu,[194] ~~o~~ que sempre ~~xx~~ tento impor ~~a alguém~~ aos outros. Por isso falo e ensino. O ouvinte se defenda contra minha astúcia com a qual tento impor-lhe o meu fardo.

A melhor verdade ainda é um embuste tão habilidoso que eu mesmo me enredo nela enquanto ~~não reconheço~~ não reconhecer o valor de um ardil bem-sucedido.

[195]Filêmon, as pessoas se enganaram a teu respeito, por isso tu as enganas. Quem te compreende, compreende a si mesmo.

17 IX 15.[196]

A questão é o dar. Deve-se dar o que pode ser abdicado ou cujo excesso causa sofrimento. Caso contrário ~~isso~~ dá-se segundo o princípio do do ut des.[197] A alegria que propiciei intencionalmente ao outro o obriga a retribuir. Alegria própria que transborda jamais obriga o outro. [89/90][198]

---

191 A oração precedente não foi reproduzida no *LN*.
192 No lugar da oração anterior, *LN* diz: "Mas eu gritei, pasmo: 'Que conversa mais desconexa, ó ΦΙΛΗΜΩΝ!'" (p. 420).
193 Quarta-feira, Jung atendeu seis pacientes. "Mas ΦΙΛΗΜΩΝ continuou:" foi acrescentado aqui no *LN* (ibid.).
194 Substituído no *LN* por "mim mesmo" (ibid.).
195 "Novamente fiquei assustado e gritei:" foi acrescentado aqui no *LN* (ibid.).
196 Sexta-feira. Jung atendeu sete pacientes.
197 Uma expressão romana, que significa: "Eu dou para que tu me dês".
198 No *LN*, o parágrafo precedente foi substituído por: "Mas ΦΙΛΗΜΩΝ ficou quieto e se retirou para a névoa tremeluzente da inconsciência. Ele me abandonou a meus próprios pensamentos" (p. 420).

Ainda devem ser erguidas altas paredes entre as pessoas, menos para protegê-las dos fardos mútuos do que das virtudes mútuas. A [199]moral cristã ainda favorece o deslumbramento mútuo.[200] Nisso, porém, está o pecado. Quando adoto virtudes que me levam a me esquecer de mim mesmo, eu faço de mim o tirano egoísta do outro, o que, em outra ocasião, me obriga a renunciar também a mim mesmo para fazer do outro o meu senhor, o que sempre causa uma impressão ruim em mim e não traz nenhum benefício para o outro. Esse jogo recíproco apoia o estado,[201] mas a alma do indivíduo é prejudicada, pois a pessoa aprende assim a viver sempre a partir do outro e não a partir de si mesmo. Podemos desfrutar das frutas de uma árvore sem derrubar a árvore inteira.[202]

Quem for capaz não desista de si mesmo, para que ele não obrigue o outro a fazer o mesmo.[203] Não que seja uma coisa especialmente linda ou agradável viver com seu Si-mesmo, mas serve para a redenção desse Si-mesmo.[204] Aquele que se afasta de si mesmo não desistiu de si mesmo. [90/91] Ele simplesmente se libertou. Ele perdeu a si mesmo, ele sofre com isso, mas, através dessa perda, ele causou um dano menor ao outro do que através da virtude que se esquece de si mesma.[205] Pois sua perda própria não obriga o outro a nada, tem apenas algo contagiante. Esse caso pertence aos eventos naturais na vida humana. Via de regra, a consequência é um conhecimento melhor do Si-mesmo.

A virtude abnegada é, porém, uma alienação antinatural do próprio ser, que assim é privado da salvação.[206] ~~Mas~~ É um pecado alienar o outro através da ~~de sua~~ própria virtuosidade de seu Si-mesmo.[207] Esse pecado recai

---

199 "chamada" foi acrescentado aqui no *LN* (ibid.).
200 "Como pode cada qual carregar o fardo do outro quando o máximo que se pode esperar de uma pessoa é que ela mesma carregue no mínimo seu próprio fardo" foi acrescentado aqui no *LN* (p. 420-421).
201 No *LN*, essa palavra foi substituída por "sociedade" (p. 421).
202 A oração precedente não foi reproduzida no *LN*.
203 "Mas o que acontece se todos se entregam? Seria uma loucura" foi acrescentado no *LN* (p. 421).
204 No *LN*, a oração seguinte e o parágrafo seguinte foram substituídos por: "Além do mais, é possível abandonar-se a si mesmo? Com isso nós somos *dominados* por nós mesmos. Isto é o contrário da aceitação de si mesmo. Quando nós dominamos por nós mesmos – e isto acontece a cada um que entrega a si mesmo – então vivemos pelo Si-mesmo. Nós não vivemos o Si-mesmo, ele se vive" (ibid.). Sobre o significado para Jung do entendimento do Si-mesmo no *Zaratustra*, de Nietzsche, cf. a nota 204, na introdução, p. 66.
205 Em *Assim falava Zaratustra*, Nietzsche escreve: "Vós andais muito solícitos ao redor do próximo e o manifestais com belas palavras. Mas eu vos digo: vosso amor ao próximo é o vosso mau amor a vós mesmos./Fugis de vós em busca do próximo e quereis converter essa fuga numa virtude; mas eu penetro em vosso 'desinteresse'" ("Do amor ao próximo", grifado como no exemplar de Jung).
206 No *LN*, essa palavra foi substituída por "desenvolvimento" (p. 421).
207 "por exemplo, tomar sobre si a carga dele" foi acrescentado aqui no *LN* (ibid.).

sobre nós mesmos. É submissão bastante quando nos submetemos ao nosso Si-mesmo. A obra da redenção deve ser feita em nós mesmos.[208] Sem amor a nós mesmos a obra não pode ser realizada.[209] Amor altruísta é um pecado, pois não é verdadeiro. Jamais podemos ~~perder~~ desistir do nosso Si-mesmo, caso contrário desistimos da obra de redenção. Mas também não devemos usar o outro para a nossa própria suposta redenção. O outro não é uma escada para os nossos pés. [91/92]

18. IX. 15.[210]

É necessário que, a cada dia, nos voltemos para o nosso interior para reestabelecer o vínculo com o Si-mesmo.[211] Através do constante viver fora de nós mesmos impedimos o Si-mesmo, assim tornando-nos também em nossos melhores esforços secretamente egoístas. Aquilo que negligenciamos em nós mesmos se mistura secretamente às nossas interações com os outros. ~~A~~

Através da união com o Si-mesmo, alcançamos o Deus que une o céu e o inferno em si mesmo.[212] O Si-mesmo não é o Deus, mas através do Si-mesmo temos o Deus.[213]

---

208 "se é que se pode ter realmente a ousadia de pronunciar tão grande palavra" foi acrescentado aqui no *LN* (ibid.).

209 No *LN*, o restante desse registro foi substituído por uma passagem extensa sobre a natureza do processo da redenção (p. 422-423).

210 Sábado. Jung atendeu cinco pacientes. *LN*, p. 423ss.

211 "pois é rompida com extrema facilidade, não só através de nossos vícios, mas também através de nossas virtudes" foi acrescentado aqui no *LN* (p. 423).

212 A cláusula precedente não foi reproduzida no *LN*. Cf. Jung, *Símbolo da transformação na missa*: "O Si-mesmo passa a atuar como uma unio oppositorum, constituindo assim a experiência mais próxima do divino que se possa exprimir em termos de psicologia" (OC 11/3, § 396). No *LN*, Jung acrescentou aqui uma passagem extensa referente à sua experiência de Deus (p. 423-424).

213 Em 1921, Jung escreveu sobre o Si-mesmo: "Enquanto o eu for apenas o centro do meu campo consciente, não é idêntico ao todo de minha psique, mas apenas um complexo entre outros complexos. Por isso, distingo entre eu e Si-mesmo. O eu é o sujeito apenas de minha consciência, mas o Si-mesmo é o sujeito do meu todo, também da psique inconsciente" (*Tipos psicológicos*, OC 6, § 796). Em 1928, Jung descreveu o processo da individuação como "tornar-se Si-mesmo" e "o realizar-se do Si-mesmo" (*O eu e o inconsciente*, OC 7, § 266). Jung definiu o Si-mesmo como o arquétipo da ordem e observou que representações do Si-mesmo eram indistinguíveis de imagens de Deus (cap. 4, "O Si-mesmo", *Aíon*, OC 9/2). Em 1944, ele observou que escolheu o termo porque esse conceito era "suficientemente determinado para dar uma ideia da totalidade humana e insuficientemente determinado para exprimir o caráter indescritível e indefinível da totalidade. [...] na linguagem científica, o termo Si-mesmo não se refere nem a Cristo nem a Buda, mas à totalidade das formas que representam, e cada uma dessas formas é um *símbolo do Si-mesmo*" (*Psicologia e alquimia*, OC 12, § 20).

[214]O Deus tem o poder, não o Si-mesmo. Portanto, a impotência não deve ser lamentada, ela é o estado como ele deve ser.

O Deus age a partir de si mesmo. Isso deve ser concedido a ele. Aquilo que fazemos ao Si-mesmo, fazemos a Deus. [92/93]

Quando distorcemos o Si-mesmo, distorcemos também o Deus.

É serviço a Deus servir a si mesmo. Assim, tiramos da humanidade o peso de nós mesmos. "Cada um carregue o fardo do outro"[215] se transformou em imoralidade. Cada um carregue seu próprio fardo,[216] isso é o mínimo que podemos exigir de ~~seu~~ um ser humano. No máximo, podemos mostrar ao outro como se carrega seu próprio fardo.

Dar todos os seus bens aos pobres significa ~~tod~~ educar os pobres para ~~xx~~ serem preguiçosos.

Comiseração não deve ser animal de carga para os outros, mas um educador rígido.

A solidão conosco mesmos não tem fim. Ela acabou de começar.

———

[217]Ainda mais perto? Como? Entrar ainda mais no túmulo de Deus?[218] O lugar do nosso trabalho está no próprio jazigo? Não é o Deus que deve habitar em nós, nós mesmos devemos habitar em Deus. [93/94]

[219]Aparentemente, no Si-mesmo e, assim, em Deus. Sonhos e longos dias de tranquilidade.[220]

———

214   O restante deste registro, até a linha divisora, foi substituído no *LN* por uma passagem extensa sobre o serviço do Si-mesmo e a relação do Si-mesmo com o Deus (p. 424-426).
215   Gl 6,2.
216   Um eco do provérbio "Omnia mea mecum porto" (Tudo que é meu carrego comigo"), atribuído variadamente a Estilpo, o estoico, e a Bias de Priene.
217   No *LN*, esse parágrafo é precedido por: "Mas na noite seguinte ouvi novamente a voz de ΦΙΛΗΜΩΝ que disse:" (p. 426).
218   Em sua proclamação da morte de Deus na *Gaia Ciência* de Nietzsche, o louco exclama: "O que, afinal de contas, são as igrejas senão os túmulos e sepulcros de Deus?" (trad. Walter Kaufmann, § 125, p. 182).
219   *LN* substitui a próxima oração por: "Essas palavras me perturbaram, pois eu havia pensado anteriormente em livrar-me de Deus. Mas ΦΙΛΗΜΩΝ aconselhou-me a entrar mais fundo no Deus./Desde que o Deus se elevou para os espaços superiores, ΦΙΛΗΜΩΝ também ficou diferente. Inicialmente foi para mim um mago que vivia num país distante, mas depois senti sua proximidade e, desde que o Deus se elevou, sei que ΦΙΛΗΜΩΝ me embriagou e me inspirou uma linguagem estranha a mim mesmo e um outro sentir. Tudo isto desapareceu quando o Deus se elevou e só ΦΙΛΗΜΩΝ possuía aquela linguagem. Mas eu senti que ele trilhava outros caminhos e não o meu. A grande maioria do que escrevi nas primeiras partes deste livro foi ΦΙΛΗΜΩΝ que me inspirou. Por isso fiquei como que embriagado. Mas agora percebi que ΦΙΛΗΜΩΝ assumiu uma forma separada de mim" (p. 426).
220   Entre 28 de setembro e 4 de novembro, Jung estava servindo no exército.

~~22. IX. 15.~~

2. XII. 15.[221]

Foram três mortos que me procuraram hoje à noite. Uma mulher era especialmente nítida, aquela que me deixou o zunido das asas douradas, o túmulo cantante coberto por asas do sol.[222]

Tu falarás, sombra?

"Deixa-me falar:[223] Era noite quando morri –– tu vives no dia –– ainda há dias, anos diante de ti –– o que começarás – tolices? Concede-me a palavra – pena que não podes ouvir –– meu Deus, como é difícil –– então ouve –– eu arquejo, gemo, gargarejo[224] – dá-me a palavra ––"

Não conheço a palavra – estás te referindo ao amor? Luz? O que queres? Fala![225] [94/95]

"O símbolo, o símbolo"

Que símbolo? Não sei, não posso.

---

221 Quinta-feira. Jung atendeu um paciente. *Aprofundamentos* {4} (*LN*, p. 426ss.). Em 6 de novembro, ele concluiu sua correspondência teórica com Hans Schmid de um modo que sinalizava um retorno à elaboração de suas fantasias nos *Livros Negros*. Em 5 de novembro, ele escreveu a Adolf Keller em resposta a um de seus sermões: "Você descreve o processo da autoconsciência e da absorção própria que leva à renovação da disposição e, também, à irmandade do homem. Concordo completamente com essa percepção lógica. Por que as pessoas são tão tolas ao ponto de não fazerem isso? Poderiam fazê-lo a partir de percepção e vontade – assim como nós temos feito até agora. Na verdade, não acontece assim, mas de modo totalmente diferente. Ou seja, esse processo deve ser *vívido*, e então ocorre o seguinte:/I. Estágio de introversão: separação do indivíduo da sociedade. Dada a coesão social desordenadamente forte, isso não ocorre sem equívoco, inimizade e ódio = guerra./II. Estágio da libido na mãe: reavivamento do arcaico = psicose. Liberação do mais alto e do mais profundo. Um estado quase anárquico, em todo caso uma desintegração da sociedade em grande medida. (Motivo do desmembramento)./III. Estágio da emergência: um desenvolvimento e unificação místicos sobre o qual não posso dizer muito ainda, que consigo sentir intuitivamente melhor do que pensar. Por ora, mal temos vivido isso. A desintegração da tradição não está completa. O isolamento será insuportável. Um início disso pode ser encontrado na experiência nacional do isolamento" (JEHLE-WILDBERGER, M. (org.). *C.G. Jung and Adolf Keller*: On Theology and Psychology – A Correspondence, trad. Heather McCartney com John Peck. Princeton: Princeton University Press/Philemon Series, no prelo).
222 No lugar desse parágrafo, *LN* diz: "Várias semanas mais tarde, três sombras se aproximaram de mim. Sua respiração gélida me dizia que estavam mortas. A primeira figura era a de uma mulher. Ela se aproximou e fez um som de zunido suave, o zunido das asas do besouro do sol. Então a reconheci. Quando ainda estava viva, ele recuperou os mistérios dos egípcios para mim, o vermelho disco do sol e o cântico das asas douradas. Ela permaneceu sombria, e mal consegui entender suas palavras" (p. 483).
223 A cláusula precedente não foi reproduzida no *LN*.
224 No *LN*, as três cláusulas precedentes foram substituídas por "Como é difícil" (p. 426).
225 No *LN*, a oração precedente foi substituída por: 'Respondi atônito: 'Não conheço a palavra que procuras'" (p. 427).

"O do meio, o símbolo do meio".

Ah Deus, se eu soubesse![226]

"Precisamos do símbolo, estamos famintos por ele, dá-nos luz."

De onde? Como poderia!

"Tu podes, agarra-o – no alto – à frente"

Um falo?[227]

"Ei-lo, eis o símbolo do meio. É isso que desejávamos, é isso que necessitávamos.[228] É feiamente simples, estupidamente inicial, semelhante ao Deus da natureza, o outro polo de Deus. É justamente desse polo que precisamos".

Por que justamente esse polo de Deus?[229] [95/96]

"É uma luz, o outro Deus está na noite".

Ah, o que dizes, amada? O Deus do espírito está na noite? Este é o filho dos sapos? Ai de nós, se ele for o Deus do nosso dia.

[230]"Ele é o espírito de carne, espírito de sangue, espírito dos sucos corporais extraídos, espírito do esperma, espírito da menstruação, da urina e das fezes, do fígado, do coração, dos pulmões, dos olhos, das orelhas, dos órgãos sexuais, das pernas, das mãos, dos intestinos, mas não do cérebro, sim, também do cérebro, mas da secreção e das fibras cerebrais, daquilo que se une e não é individual no cérebro. Não espírito da célula, não do núcleo, mas do protoplasma".[231] [96/97]

O que, então, me resta, se a minha cintilante luz divina se apagar?

"Corpo te resta, amado, corpo, corpo vivo. Tu pensarás a partir do corpo, não a partir dos núcleos celulares de teu cérebro".[232]

Eu não entendo isto. Não sei que tipo de pensar é isto.

"É pensar-sentir, rasteja como um verme, como uma cobra, aqui e logo ali, uma salamandra cega da caverna".

---

226 No *LN*, os quatro parágrafos precedentes foram substituídos por: "O símbolo, o meio" (ibid.).

227 No lugar dos dois últimos parágrafos, *LN* diz: "'Não conheço o símbolo que desejas'./Ela veio agressivamente sobre mim: 'Tu podes. Procura'./E neste momento foi-me colocado na mão o sinal, e eu o olhei com espanto ilimitado. Falou-me então em voz alta e amigável:" (ibid.).

228 No *LN*, essa oração é substituída por: "Ei-lo, este é Hap, o símbolo que nós queríamos, de que precisávamos" (ibid.).

229 *LN* diz em vez disso: "'Por que precisais do Hap?', retruquei" (ibid.).

230 "Mas a falecida disse triunfante:" foi acrescentado aqui no *LN*.

231 *LN* diz em vez disso: "Ele é o Deus da carne, o Deus do sangue, ele é o extrato de todos os sucos corporais, o espírito da semente e das entranhas, das partes genitais, da cabeça, dos pés, das mãos, das juntas, dos ossos, dos olhos e ouvidos, dos nervos e do cérebro, ele é o espírito da escória e da secreção" (p. 427).

232 No lugar da oração precedente, *LN* diz: "Do corpo vem o pensamento iluminador" (ibid.).

Então estou enterrado vivo. Que nojo, que podridão! Ter que me sugar nisso como uma sanguessuga.

"Isso que é beber sangue, sugá-lo, encher-te, não evitar o cadáver, há sucos nele, que podem ser nojentos para ti, mas eles também nutrem. Não deves entender, mas sugar". [97/98]

Mas é justamente isto que eu rejeitava. Maldito nojo!

"Mas todas as pessoas sugam. Tu também és apenas um homem. Deves sugar".

Não, não, três vezes não. Chega disso. Estou passando mal.[233]

"Isso não deve te aborrecer. Precisamos do suco vital[234] das pessoas".

Queres transformar-me em ~~vosso~~ teu pólipo? Por que precisaria de um alimento tão repugnante?[235]

"Queremos participar de vossa vida. Assim adquirimos corporalidade.[236] Assim podemos chegar mais perto".

Por que quereis chegar mais perto?[237]

"Para falar convosco e trazer notícias. Precisais saber de tanta coisa". [98/99]

Isso me deixa tonto. O que fazer?

"Sugar".

Não posso, tenho pavor disso.[238]

"Faze isso por nós, por mim. Tu te lembras de meu legado? O vermelho disco do sol e as asas douradas e o ritmo de vida e permanência? Imortalidade, disso seria necessário saber".

Que caminho infernal a esse conhecimento![239]

---

233 No lugar dos três parágrafos precedentes, *LN* diz: "'Maldito nojo! Não, três vezes não', gritei para cima" (p. 485).
234 "desse alimento" foi acrescentado aqui no *LN* (p. 428).
235 A oração precedente não foi reproduzida no *LN*.
236 A oração precedente não foi reproduzida no *LN*.
237 A oração precedente não foi reproduzida no *LN*.
238 No lugar dos três parágrafos precedentes, *LN* diz: "'Isto é loucura refinada! De que estás falando?'/ Ela me lançou aquele olhar que me deu naquele dia em que a vi pela última vez entre os vivos e em que, inconsciente do significado, me mostrou algo do mistério que os egípcios nos legaram. E assim me falou:" (p. 428).
239 No *LN*, a oração precedente foi substituída por: "O caminho que leva a este saber é o inferno" (ibid.).

5. XII. 15.[240] Mais disso! Ensina-me o conhecimento dos vermes e das criaturas rastejantes. Quanta escuridão pretendes continuar a espelhar?[241]

"Dá-me sangue, para que eu adquira a fala. Mentiste ao dizer que [99/100] entregarias o poder ao filho?"

Não, mas eu disse algo que não entendo.

"És afortunado, ~~deves dizer~~ pois podes dizer o que não entendes; assim pode funcionar".[242]

Falaste sobre sugar. Querias dizer sugar em mim?

"Certamente, seria infantil e violento sugar em outros". Não não sugar, mas sugar em ti. É isso que nutre a nós, os mortos".

O que ganhaste com o símbolo pagão?

"O falo[243] não é o fundamento, mas o topo de um prédio, de uma igreja, que ainda está submerso, assim, de certo modo, uma torre erguida sobre a cúpula.[244] Precisamos dessa igreja, na qual podemos viver convosco e participar de vossa vida. Vós nos excluístes para o vosso próprio prejuízo". [100/101]

Para ti, então, o falo[245] é o primeiro símbolo da igreja na qual esperas ter comunhão com os vivos? Fala, por que demoras?

[246]"Sangue, preciso do sangue!"

Então toma, aqui está o sangue do meu coração.

---

240 Domingo. O seguinte foi acrescentado aqui no *LN*: "E a este respeito mergulhei em meditação triste, pois eu pressentia o difícil e mal-entendido, a imprevisível solidão desse caminho. E após longa luta contra todas as fraquezas e covardias em mim, decidi tomar sobre mim esta solidão do sagrado erro e da verdade válida para sempre./E três noites depois, chamei a falecida e lhe pedi:" (p. 428).

241 No *LN*, a oração precedente foi substituída por: "abre-me as trevas do espírito" (p. 428).

242 A cláusula precedente e os três parágrafos seguintes não foram reproduzidos no *LN*.

243 Em vez disso, *LN* diz "Hap" (p. 428). As seguintes referências podem estar vinculadas a isso. Em *The Egyptian Heaven and Hell*, Wallis Budge observa que "o falo de seu Pepi é Ápis (Hap) (vol. I, p. 110). Ele observa que Hap é filho de Hórus (p. 491 – Jung fez uma marca ao lado disso em seu exemplar). Ele também observa: "No *Livro dos mortos*, esses quatro filhos de Hórus exercem papéis muito proeminentes, e os mortos tentavam ganhar sua ajuda a qualquer custo, através de sacrifícios e orações [...] os quatro filhos de Hórus compartilharam a proteção dos mortos entre eles, e já na V dinastia descobrimos que eles presidiam sobre essa vida no submundo" (ibid., grifo no exemplar de Jung) (Londres: Kegan Paul, Trench and Trübner, 1905).

244 A cláusula precedente não foi reproduzida no *LN*. Cf. o sonho de infância de Jung sobre o falo ritual no templo subterrâneo (*Memórias*, p. 34ss.).

245 No *LN*, "o falo" é substituído por "Hap" (p. 429).

246 "Ela suspirou e disse com voz sumida:" foi acrescentado aqui no *LN* (ibid.).

"Eu te agradeço, como é vital o seu gosto![247] O ar do mundo das sombras é ralo,[248] é o limite da atmosfera. Aqueles que há muito faleceram até esvoaçaram para o xx espaço sideral vazio, entregues a trilhas indeterminadas, agora buscando mundos para, adaptando-se às suas condições, entrar em formas novas mais baixas ou mais elevadas, de acordo com sua capacidade. Nós, que ainda somos próximos e incompletos, desejamos retornar à terra, a vós, às pessoas e aos vivos. Não tens uma forma animal em que eu pudesse entrar?["] [101/102]

Como, queres tornar-te meu cachorro?

"Se for possível, sim. Quero até ser um cachorro perto de ti".

Tens tamanho anseio pela vida ou por mim?

"Por ambos, mas ambos indivisos".

Tenho tanto valor para ti?[249]

"Tu és indizivelmente precioso para mim, és toda a minha esperança, que ainda se prende à terra. Quero ver terminado aquilo que abandonei cedo demais".

Vês minha incapacidade de completar aquilo que não sei. Não podes ajudar?

"Preciso de sangue, de muito sangue".

Então bebe, para que se torne aquilo que deve tornar-se.

[250]"Bebo e sinto força renovada. Ouve: constrói a igreja. Escreve [102/103] os livros sagrados, os novos da era que contêm o eco do ser eterno, os misteriosos, a sabedoria zombada, a verdade inferior e superior".

Que dizes? É justamente isso que se faz necessário saber.

"Brimo,[251] a velha – é com isso que começa. Aquela que pariu o filho, o falo altaneiro,[252] que nasceu de sua vulva e se estendeu em direção da vulva do reino dos céus que se estende sobre a terra. Pois ela está acima do filho, envolvendo-o

---

247 No *LN*, a cláusula precedente foi substituída por "Isto é vitalidade" (ibid.).
248 No *LN*, o restante dessa cláusula e a oração seguinte foram substituídos por: "flutuando sobre caminhos indeterminados, topando por acaso com mundos estranhos. Mas nós que ainda estamos próximos e incompletos, gostaríamos de mergulhar no mar do ar e de volta para a terra, para o que está vivo" (ibid.).
249 Os três parágrafos precedentes não foram reproduzidos no *LN*.
250 Os dois parágrafos seguintes foram substituídos no *LN* por: "Ela balbuciou com voz hesitante:" (ibid.).
251 Em 1912, Jung discutiu os mistérios de Hécate que floresceram em Roma no final do século IV. Hécate, a Deusa da magia e dos encantos, protege o submundo e é vista como aquela que envia a loucura. Ela é identificada com Brimo, a Deusa da morte (*Transformações e símbolos da líbido*, CW B, § 586ss.).
252 No *LN*, essa frase foi substituída por "o poderoso Hap" (p. 429).

por cima e por baixo.²⁵³ A cabeça do falo se estende até sua parte mais inferior, mas seu deleite irradia e transcende sua cabeça e alcança os espaços, alturas maiores do que aquelas que a cabeça do falo alcança, o cego, o verme.²⁵⁴ Ela o pare e o puxa para o alto.²⁵⁵ Ele se elevou acima dela e a deixou abaixo dele. Ela o levanta em agonia e, [103/104] por sua vez, bebe a sua força. Em relação ao inferior, ele é mestre, em relação ao superior, é servo e algo que foi erguido. A cabeça dele sangra, tamanha é a força dela.

Ele cai e recupera força de domínio, se ergue novamente e fertiliza o que está acima".

Que ensinamento estranho!²⁵⁶ Quando bastará desse mistério cruel?²⁵⁷

"Quando o céu está grávido e não consegue reter seu fruto,²⁵⁸ e um Deus-homem aparece do alto e coloca seu pé naquilo que está abaixo".

Isso é inimaginável. Com que propósito fui amaldiçoado?

"A fim de suportar o fardo e a zombaria desse pecado. A árvore da vida é pesada, requer ombros largos. Pois dessa [104/105] vez, tu e a humanidade devem suportá-la. Mas quero mais de teu sangue".

Então bebe até a minha exaustão.

"Eu bebo e adquiro forma. Ouve: cruel é este enigma, extraordinariamente cruel:²⁵⁹ quando Brimo, a celestial, esteve grávida, ela deu à luz o dragão, primeiro as secundinas, depois o filho. Ele é o pássaro branco que paira sobre o falo. Ele se senta na cabeça do falo, como que na copa de uma árvore. O falo é indignação, o pássaro é paz vinda do alto".

---

253 Em *Transformações e símbolos da libído*, Jung se referiu a Nut, a Deusa egípcia do céu, que se eleva sobre a terra, parindo diariamente o Deus sol (CW B, § 364).
254 A oração precedente não foi reproduzida no *LN*.
255 No *LN*, o restante desse parágrafo e todo o parágrafo seguinte foram substituídos por: "Nascido do inferior, fecunda o superior, pois a mulher é sua mãe, e a mãe é sua mulher" (p. 429).
256 Em vez disso, *LN* diz: "Maldito ensinamento!" (ibid.).
257 "gritei cheio de revolta e aversão" foi acrescentado aqui no *LN* (ibid.).
258 No *LN*, o restante desse parágrafo, os três próximos parágrafos e a oração seguinte foram substituídos por: "dá à luz uma pessoa que carrega o peso dos pecados – esta é a árvore da vida e da permanência sem fim. Dá-me teu sangue! Ouve!" (ibid.).
259 No *LN*, o restante desse registro foi substituído por: "quando Brimo, a celeste, esteve grávida, deu à luz o dragão, a placenta primeiro, e depois o filho, Hap, e aquele que Hap traz. Hap é a revolta do inferior, mas do superior vem o pássaro e pousa na cabeça de Hap. É a paz. Tu és vaso. Fala, céu derrama tua chuva. Tu és uma casca. Cascas vazias não derramam, elas recolhem. De todos os cantos aflui em abundância. Digo-te que novamente se aproxima uma noite. Um dia, dois dias, muitos dias terminaram. A luz do dia desce e ilumina a sombra, mesmo uma sombra do sol. A vida se transforma em sombra, e a sombra toma vida, a sombra que é maior do que tu. Pensaste que tua sombra fosse teu filho? Ao meio-dia ele é pequeno, pela meia-noite enche o céu" (p. 429-430).

O nojo me paralisa.

"Ele deve paralisar-te, pois tua indignação nascida da terra desaba como um fogo que se apaga. O pássaro está acima de ti. Teus suportes implodem, consumidos pelo fogo interior. Cais em cinzas. O pássaro vence a serpente". [105/106]

Assim estou paralisado e impotente, um cadáver que ainda anda por aí e fala.

"Um recipiente do espírito".

Uma luta fútil! Eu apago. O que resta de mim? Ainda possuo fala e xx sentido?

Então fala, céu, derrama tua chuva! Enche-me, pois tornei-me casca. Cascas vazias não derramam, que elas captam. Que flua de todos os ventos. Aguardo.

7. XII. 15[260] Vinde, vós mortos! Por que te colocaste atrás xx de mim, sombra? O que desejaste dizer?

"Eu queria dizer que a noite de todos os dias está próxima".

Como? O que queres dizer? Isso significa morte? [106/107]

"Nem morte, nem vida. Mais provavelmente, sombra".

Existência nas sombras? Espiritualidade? Não realidade?

"A noite cai quando o sol se põe. Um dias, dois dias, muitos dias se findaram".

O que isso significa?

"A luz do dia desce e brilha para os inferiores, para as sombras, ela mesma uma sombra do sol".

O que é isso? Fala com clareza – aqui está o meu sangue –

"Vida se transforma em sombra, e a sombra se vivifica. A sombra que é maior do que tu. Pensaste que a tua sombra fosse teu filho? Ao meio-dia, ela é pequena, à meia-noite, preenche os céus".

[261]Então, tu, sombra, me trazes o filho, que vive sob as árvores? [107/108] O filho, o terrível, o poderoso? É ele o espírito que os céus derramam, ou é ele o verme sem alma que foi parido pela alma da terra? Ó céu, ó ventre som-

---

260 Terça-feira. Jung atendeu sete pacientes.
261 A parte precedente desse registro não foi reproduzida no *LN* e foi substituída por: "Mas eu estava esgotado, desesperado e não conseguia mais ouvir, por isso falei à falecida:" (p. 430).

brio – quereis sugar a minha vida por amor à sombra ou às sombras? Deve assim o humano se perder totalmente no divino?

9. XII. 15.[262] Devo viver com espíritos e não com vivos? Deve todo anseio por pessoas vivas pertencer a vós, os mortos? Não tivestes vosso tempo de viver? Não o aproveitastes? Deve um vivo ~~xx~~ dar sua vida por vós, que não vivestes o eterno? Ou não há pessoas para mim? Não devo eu dar-me a nenhuma pessoa?[263] Falai, sombras mudas, que estais à minha porta [108/109] e mendigais o meu sangue!

[264]"Tu vês – ou não vês ainda o que os vivos fazem com tua vida? Eles a desperdiçam. Conosco, porém, tu te vives, pois pertencemos a ti, somos teus seguidores e tua congregação invisível. Achas que os vivos te veem? Eles veem a tua sombra, não a ti, servo, portador, recipiente".

Que língua é esta que usas, arauto e intérprete dos sombrios? Estou entregue a vós? Nenhum dia brilhará mais para mim? Devo tornar-me sombra com um corpo vivo em vosso meio, vós, os invisíveis? Não possuís forma e nada palpável e emanais o frio sepulcral.[265] Permitir que eu seja enterrado vivo?[266] Cedo demais, parece-me. Primeiro devo morrer. Tendes o mel que alegra meu coração e o fogo que aquece minhas mãos? O que sois, sombras tristes? [109/110] Vós, assombrações de crianças? Mostrai-vos, vinde! Por que quereis sempre o meu sangue? De fato, sois piores do que as pessoas. As pessoas dão pouco, mas o que dais vós? Criais o vivo? O caloroso e belo, a alegria? Ou deve tudo isso ir para o vosso Hades sombrio? O que ofereceis em troca?[267] O quê? Agora quero saber – chega dessas bufonarias!

[268]"Impetuoso, para – tu nos tiras[269] o fôlego – somos sombras, torna-te sombra e compreenderás o que damos".

Não quero morrer para descer até vossas escuridões.

"Não precisas morrer. Permite apenas que sejas enterrado".

---

262 Quinta-feira. Jung não atendeu nenhum paciente.
263 As duas orações precedentes não foram reproduzidas no *LN*.
264 "Então a sombra dos mortos levantou a voz e disse:" foi acrescentado aqui no *LN* (p. 430).
265 "um hálito do vazio" foi acrescentado aqui no *LN* (ibid.).
266 "– que ideia é essa?" foi acrescentado aqui no *LN* (ibid.).
267 No *LN*, o restante desse parágrafo foi substituído por: "Mistérios? A pessoa viva pode viver disso? Vossos segredos eu os considero uma farsa, se a pessoa viva não pode viver deles" (p. 431).
268 "Mas a sombra interveio e gritou:" foi acrescentado aqui no *LN* (p. 431).
269 Em vez disso, *LN* diz: "me".

Na esperança da ressurreição? Não façais piadas.

[270]"Já suspeitas o que virá. Travas [110/111] triplas diante de ti e invisibilidade. Para o inferno com teus desejos e sentimentos! Pelo menos não nos amas, portanto custaremos menos para ti do que as pessoas, que se reviram em teu amor e abusam dele e que te fazem de bobo".

–"Meus mortos, parece que falais minha língua!

"As pessoas amam – e tu também! Que equívoco! Podes esperar até que entreguem a ti. Tu levas os homens à megalomania, que então não consegues mais abafar e à qual sucumbes[271] – à tua própria criação. Não é possível, ouves finalmente?"

Isso me entristece, me dói, uiva para mim. Sinto um grande anseio, tudo que é macio lamenta. Meu coração feminino anseia.

[272]"Isso pertence a nós – o que queres com isso junto aos homens?[273] O chicote e [111/112] a lâmina afiada, e ervas e prumo no armário, a escopeta atrás da porta".

Mas não quero sufocar.

"Então toma fôlego de vez em quando, mas não esqueças de fechar a tampa novamente".

Estais falando do ar dos homens?

"Não, do ar divino, e depois de volta para a caixa".

Diabos, a vida do papa é melhor.

"Justamente. Precisamos de um papa,[274] sabes, um papa infalível que possui tudo que necessita, que precisa de ninguém porque ele o retira do céu e porque os anjos lhe dão o pão. Quem quer isso são teus próximos amados, não nós. Sim, se as pessoas – ou tu – fossem diferentes. No entanto, sabes – [112/113] calamidade de face dupla!– Falando disso, os homens poderiam também se desnaturalizar em prol do papa. Se quiseres, podes aguardar para ver. O papa não sairá do Vaticano".

---

270 "Mas ela falou serena" foi acrescentado aqui no *LN* (ibid.).
271 O restante desse parágrafo não foi reproduzido no *LN*.
272 "Mas ela, impassível:" foi acrescentado aqui no *LN* (p. 431).
273 No *LN*, o restante desse registro e os quatro primeiros parágrafos do registro seguinte foram substituídos por uma passagem extensa em que a falecida se manifesta contra os pregadores hipócritas e sobre a importância do amor, que começa com a capacidade de uma pessoa de aturar a si mesma (p. 431-432).
274 O papa atual era Bento XV (1854-1922), que sucedeu ao papa Pio X, quando este morreu em setembro de 1914.

Então outro tiro nos interrompeu. O que está acontecendo?

"Agora puxa-te rapidamente de volta para o humano. E daí? O cavalo não parou de relinchar. Nada de importante, apenas sentimentos. Deveriam ter sido <u>cerimônias</u>, mas são meros sentimentos".

Que cerimônias? É o que faltava. E onde seria o lugar do coração? Cerimônias? Estais loucos. Quereis congelar-me como solenidade? Que eu viva como boneca de cera? Isso não pode ser.

"Mas tudo clama por isso. Para que tens os livros sagrados? Tu estás desperdiçando-os. Tu ainda deverias estar escrevendo-os. Solenidade, isso te falta completamente". [113/114]

Enganação risível! Eu não sou nenhum pároco. Onde estão as instituições?

"Cria-as! Escava o fundo, tudo está pronto. Mas trabalha nos livros dos mistérios e dos ensinamentos".

Para que isso vos serviria? Aos homens sirva talvez a comédia. Mas não a mim. Enxergai através do carnaval. Como isso pode vos servir?

"Isso nos é muito útil. Somos honrados e podemos viver convosco".

Mentira maldita! Só quereis me fazer de bobo.

"De forma alguma. Desejamos solenidade".

Devo fingir? Comédia suja?

"Sê sombra, não homem. Assim, outros podem tornar-se homens diante de ti. Então te celebrarão como homem mais alto". [114/115]

E eu vou para o inferno.

"O que importas? Morrerás como cão, como cão bom e fiel, lamentado por ti, mas, por favor, sem sentimento".

Se estiverdes certos, então vivi de forma totalmente errada.

"Totalmente errada. Sofreste com o abanar dos cachorros, com o rosnar dos cachorros, com o latir dos cachorros, com o lamber dos cachorros. Que estilo estúpido! Isso mudará. Solenidade, dignidade papal, é isso que é desejado".

Basta, estou com frio.

13. XII. 15.[275]

O que significa que a mãe me ataca? Meu sentimento humano?

---

275 Segunda-feira. Jung atendeu sete pacientes. Os três primeiros parágrafos deste registro não foram reproduzidos no *LN*.

"Sim, claro, o que mais seria? Tornar-se fraco, ceder – tudo tem o seu tempo, e, em algum momento, também não terá mais o seu tempo. Permite que as coisas e as pessoas vão para os seus respectivos lugares. Trata-se verdadeiramente de ti. Ainda não estás calcinado. Outros fogos [115/116] ainda haverão de sobrevir.– Ainda deves aprender a desfrutar tua solidão. Pois queres isso também de outros, não? Querias aliviar a solidão dos outros? Querias esquivar-te da tua solidão. É isso".

E quanto ao amor?

"Quanto ao amor? O que é amor? Viver sobretudo, é isso que é amor. A guerra é amor? Ainda verás que tipo de magia sentimental as pessoas conjuraram em amor.[276] Portanto, acima de tudo, primeiro solidão, se que expurga de ti toda brandura.[277] Deverás congelar, após o diabo ter te precedido. Agora não há tempo para o amor, mas para ações".

[278]Por que mencionas ações? Que tipo de ações?

"Tua obra". [116/117]

Como assim, minha obra? Minha ciência, meu livro?

"Não é teu livro, é o livro.– Ciência é aquilo que fazes. Isso deve ser feito, sem hesitação. Não existe volta, apenas avanço. É este o lugar do teu amor. Risível – teu amor! Precisas saber deixar morrer".

Pelo menos deixai que os mortos fiquem comigo.

"Chega de mortos, estás cercado".

Não percebo nada disso.

"Deves percebê-los".

Como? Como poderia?

"Continua andando. Tudo virá até ti. Hoje não, mas amanhã".

Esfrego as mãos – apenas túmulos diante de mim –. Que vontade amaldiçoada está acima de mim?

"A vontade de Deus, que é mais forte que tu, portador [117/118], servo.[279] Tu caíste nas mãos do maior. Ele não conhece misericórdia.[280] As[281] máscaras cris-

---

276 No *LN*, a oração precedente foi substituída por: "Tu ainda deves ver para o que o amor às pessoas é suficientemente bom – um meio como todos os outros meios" (p. 432).
277 No *LN*, o restante desse parágrafo foi substituído por: "Precisas aprender o congelamento" (ibid.).
278 Os dez parágrafos seguintes não foram reproduzidos no *LN*.
279 Em vez disso, *LN* diz: "tu, servo, vaso" (p. 432).
280 Em vez disso, *LN* diz "compaixão" (ibid.).
281 Em vez disso, *LN* diz: "Vossas" no lugar de "As" (ibid.).

tãs caíram.[282] O Deus recuperou a sua força. Tu o geraste de novo. Ele é o teu filho, e a ele pertence o poder.[283] O jugo dos homens é mais leve do que o jugo de Deus. Quem não cai nas mãos dos homens cai nas mãos de ~~xx~~ Deus. Feliz dele e ai dele! Não há saída".

Isso é liberdade?

"Liberdade máxima. Apenas Deus acima de ti, através de ti mesmo. Consola-te com isto e aquilo, na medida do possível. O Deus corre o ferrolho de trancas que não podes abrir. Deixa ganir teus sentimentos como filhotes de cachorro. Os ouvidos no alto são surdos".

Não há nenhuma revolta por amor ao humano? [118/119]

"Revolta – eu rio de tua revolta".

[284]És Deus?

"Eu sou, teu Si-mesmo e teu e o Deus".

Nada solene –

"Deus não é solene, ele é terrível. Solenidade pertence a ti, é humana, não de Deus. Deus não precisa de teatro. Eu sou o supremo dos mortos e ressuscitados. Eu estava morto, tu me dás vida, tua vida".

E agora te vingas de mim?

Vingança é humana. Deus não conhece vingança. Ele só conhece poder e criação. Ele ordena, e tu ages. Teus medos são risíveis, só existe uma estrada, a estrada do exército da divindade. [119/120]

20. XII. 15.[285]

A transformação em uma mulher, que ainda faltava, é isto que acontecerá agora? Isso me deixa fraco. Que confusão insana e sem objetivo é esta? Que gaiola de coelhos desordenada e estúpida! É este o estado de consciência de uma mulher? Nem se sabe mais se ainda se decide ou o quê. O que ordenas?

"Eu digo, recebe, aceita o que está às mãos. Obrigação simples. Surpresa, ignorância do mais distante. Anseio indeterminado, aceitação crédula com cautela. Nenhum plano de longo alcance. Nenhum empreendimento grande. <u>Simplicidade</u>".

---

282 "os véus que cegavam vossos olhos" foi acrescentado aqui no *LN* (ibid.).
283 As duas orações precedentes não foram reproduzidas no *LN*.
284 Os cinco parágrafos seguintes e as duas primeiras orações do próximo parágrafo não foram reproduzidos no *LN*.
285 Segunda-feira. Este registro não foi reproduzido no *LN*.

Queres mais?

"Não, isso basta. É difícil o bastante".

Há algo especial no ar?

"Apenas tu mesmo. Circunspeção e tranquilidade. Cuidado silencioso, nenhum empreendimento["]. [120/121]

26. XII. 15.[286]

Devemos saudar uma nova luz. Um sol de sangue, parece-me. Um milagre doloroso.[287] Será o sacrifício da alegria?

[288]"De toda alegria, contanto que tu a faças. Ela não deve ser feita nem buscada, ela deve vir quando precisa vir. Eu sou o senhor[289] e exijo teu serviço. Não deves servir ao teu diabo pessoal. Isso acarreta dor supérflua. A alegria verdadeira é simples e vem e é por si só, ela não deve ser procurada cá ou lá. Sob o risco de ver noite escura diante de ti, ~~tu~~ deves consagrar o teu serviço a mim e não buscar a alegria. A alegria jamais deve ser preparada de antemão, ou ela é por si ou não é. Deves solucionar <u>apenas</u> as tuas tarefas, nada mais. Alegria resulta da satisfação, mas não quando é procurada".[290]

Tu és rígido.[291]

"Eu tenho o poder, quero ordenar, [121/122] e tu deves obedecer".

Temo que tu me destruirás. Tu encalhas teu navio.

"Eu sou a própria vida, que só deseja destruir o imprestável. Toma cuidado para não seres uma ferramenta inútil. Queres governar por conta própria? Constrói a tua ponte e não queiras pilotar navios. Tu te desnorteias e te perdes se quiseres fugir do meu serviço. Não há salvação fora do meu serviço.[292] O que sonhas e hesitas?"

[293]Vês que sou cego e ignorante. Onde devo começar?

"Sempre começa pelas coisas pequenas. Sempre no próximo".

---

286 Domingo. Jung não atendeu nenhum paciente. No Natal, ele pintou um retrato de Izdubar no volume caligráfico do *LN* (imagem 36).
287 "Ninguém me obriga, só a vontade alheia comanda em mim, e eu não posso fugir, pois não encontro razão para isso" foi acrescentado aqui no *LN* (p. 433).
288 "Mas a falecida respondeu:" foi acrescentado aqui no *LN* (ibid.).
289 Essa expressão não foi reproduzida no *LN*.
290 No *LN*, a cláusula precedente foi substituída por: "e não da ambição" (ibid.).
291 A oração precedente não foi reproduzida no *LN*.
292 No *LN*, a expressão precedente foi substituída por "sem mim" (p. 434).
293 Os três parágrafos seguintes e a primeira oração do quarto parágrafo não foram reproduzidos no *LN*.

Eu sei disso. Já fazer é mais difícil. Pelo menos, como podes ver, faço o possível. O que queres? [122/123]

"Isso é o que deves descobrir. Achas que devo apresentar-te tudo já pronto? Onde está tua Igreja? Onde está a sagrada cerimônia?[294]

[295]Isso me parece pura loucura e coisa sem gosto.

"Então, não queres?"

Não sei como.

"Então pensa".

Isso me deixa doente, tenho nojo disso.

"Da Igreja? Os ancestrais pensaram assim?"

Tentarei o possível.

"Quero a Igreja, ela é necessária para ti e para os outros contigo. Que mais tu farás com aqueles que eu curvo a teus pés?[296] Deves acolhê-los em amor, não em teu seio, mas no [123/124] seio da Igreja".

Onde ela está? Como eu a crio?

"Pedra após pedra. Teus sonhos falarão".

Devo ser líder de uma seita? Diabos! Não, não, não!

"O belo e o natural se aconchegarão e apontarão caminhos. A Igreja também é algo natural".

[297]Deve ser algo externo?

"Não, algo interno".

Para que então as cerimônias?

["]Existem também cerimônias internas. A[298] cerimônia deve ser desatada e tornar-se espírito. A ponte deve levar para além do humano.[299] Intocável, dis-

---

294 Em vez disso, *LN* diz "comunidade" (p. 434).
295 No *LN*, os sete parágrafos seguintes foram substituídos por: "'É clemência pura', gritei irritado, 'o que falas de uma Igreja. Sou por acaso um profeta? Como poderia arrogar-me semelhante coisa? Sou apenas um ser humano que não tem o direito de querer saber tudo melhor do que os outros'./Mas ela retrucou:" (ibid).
296 O restante desse parágrafo e os três parágrafos seguintes não foram reproduzidos no *LN*.
297 Os três parágrafos seguintes e a primeira linha do quarto parágrafo não foram reproduzidos no *LN*.
298 "sagrada" foi acrescentado aqui no *LN* (p. 434).
299 Os termos "hinübergehen" (atravessar), "Übergang" (travessia), "Untergang" (descida, ruína) e "Brücke" (ponte) aparecem no *Zaratustra* de Nietzsche em relação à transição do homem para o Übermensch, ou sobre-homem. Por exemplo: "O que é grande no homem é que ele é uma ponte, e não uma meta: o que pode ser amado no homem é que ele é uma travessia e uma descida./Amo aqueles que não sabem viver exceto quando sua vida é uma descida, pois são aqueles que atravessam" (trad. R. Hollingdale [Harmondsworth: Penguin, 1984], p. 44, tr. mod.; palavras grifadas como no exemplar de Jung). As três orações seguintes não foram reproduzidas no *LN*.

tante e arejada. Tua ponte é baixa demais. As pessoas batem nela a sua cabeça.[300] Existe uma comunidade dos espíritos["].[301] [124/125]

[302]Como, não deve existir ~~espirit~~ uma comunidade externa?

"Não, mas uma comunidade espiritual interna."

Não deve existir nada visível!

"Não. Tudo deve ser espiritual. Interações externas se limitam a signos com sentido fixo".

Isso é inconcebível. Incompreensivelmente difícil.

"Comunhão com os mortos, é disto que vós e os mortos precisais".

Estás falando do culto aos mortos?[303]

"Não te mistures com os mortos, mas separa-te deles e dá a cada um o que lhe cabe".[304]

O que exigem os mortos?

"Vossas orações".

Aos mortos. A quais?

"A todos".

Ensina-me a oração aos mortos.

"Ouve, é isto que ela diz: [125/126]

Mortos, eu vos convoco –

Sombras dos falecidos, vós que vos despistes da angústia da vida, vinde!

Meu sangue, a seiva da minha vida, seja vossa comida e vossa bebida.

Alimentai-vos de mim, para que tenhais vida e fala.

Vindo, sombrios e inquietos, eu vos revigorarei com o meu sangue, com o sangue de um vivente, para que alcanceis vida e fala em mim e através de mim.

Eu preciso de vós, e vós precisais de mim.[305]

O Deus me obriga a dirigir-vos ~~também~~ esta oração, para que ganheis vida. Nós vos deixamos a sós por tempo demais.

---

300 A oração precedente não foi reproduzida no LN.
301 "fundamentada em sinais exteriores com um significado sólido" foi acrescentado aqui no LN.
302 Os três parágrafos seguintes não foram reproduzidos no LN.
303 A oração precedente não foi reproduzida no LN.
304 "Os mortos pedem vossas orações de expiação" foi acrescentado aqui no LN (p. 434). No LN, os cinco parágrafos seguintes foram substituídos por: "Depois de dizer essas palavras, levantou sua voz e conclamou os mortos em meu nome:" (ibid.).
305 A oração precedente não foi reproduzida no LN.

Estabeleçamos juntos a aliança da comunidade, para que imagens vivas e mortas se tornem uma só e para que o passado continue a viver no presente. [126/127]

Nossa ambição nos arrebata para o mundo vivo, e nós estamos perdidos em nossa ambição.

Vinde para a poção do sangue vivo, bebei e saciai-vos para que sejamos remidos do poder inextinguível e implacável da nossa ambição viva pelo ente visível, palpável e presente.

Bebei do nosso sangue da ambição, que gera o mal na forma de briga, discórdia, feiura, violência e insaciabilidade.

Tomai, comei, este é o meu corpo que vive para vós. Tomai, bebei, este é o meu sangue cujo desejo flui por vós.[306]

Vinde e celebrai comigo uma última ceia para a minha e a vossa redenção.

Ajudai-me a entender a vossa língua, para que eu não me afaste de vós, e vós não vos afasteis de mim.[307] Preciso da comunidade convosco, para que não sucumba à comunidade dos vivos e à minha e à vossa cobiça, que deseja ~~incessantemente~~ insaciavelmente e, por isso, gera o mal. [127/128]

Ajudai-me a ~~meu desejo sempre se volte para vós~~ nunca esquecer que meu desejo é fogo sacrificial por vós.

Sois minha comunidade. Vivo para os vivos o que posso viver. Mas não posso viver o excesso de minha ambição com os vivos.[308] Isso pertence a vós, sombras. Necessitamos vosso convívio.

Sede favoráveis a nós e abri nosso ~~sentido~~ espírito trancado, para que nos tornemos participantes da luz redentora. Assim seja! Amém.[309]

É esta a oração que deves dirigir aos mortos. Assim deve ser, para que ocorra a redenção.[310] Grande é a necessidade dos mortos. Deus não precisa de oferendas de oração. Ele está além de favor e desfavor. Ele é bondoso e terrível. Os mortos, porém, ouvem vossas orações, pois eles são humanos e não são livres

---

306 Cf. Mt 26,26: "Enquanto comiam, Jesus tomou um pão e pronunciou a bênção. Depois, partiu o pão e o deu aos discípulos, dizendo: 'Tomai e comei, isto é o meu corpo'."
307 A oração precedente não foi reproduzida no *LN*.
308 A última cláusula não foi reproduzida no *LN*.
309 Essa palavra não foi reproduzida no *LN*.
310 No *LN*, as duas orações precedentes foram substituídas por: "Quando a falecida terminou esta oração, voltou-se novamente para mim e disse:" (p. 435).

de [128/129] boa vontade ou má vontade. Não entendes? A história[311] é mais antiga e sábia do que tu. Houve um tempo em que não havia mortos? [312]Apenas recentemente os homens começaram a se esquecer dos mortos e a pensar que tinham acabado de receber a vida, caindo assim em delírio".

8. I. 16.[313]

Tu sabes o que acontece. Vês que isto quase ultrapassa a força de uma pessoa. Quero aceitá-lo e sofrê-lo por ti — jamais por amor a mim. Estar pregado na árvore da vida, ó amargura! ó silêncio doloroso! Sem ti, minh'alma, tu que tocas o céu ardente e a plenitude eterna, o que seria de mim?

Vou e me lanço às feras humanas, para que me dilacerem.[314] Ó tormento nada masculino! Devo permitir que minha [129/130] virtude seja dilacerada, minha melhor capacidade, pois é um espinho no olho dos animais humanos. Não morte para o bem dos melhores, mas difamação e dilaceração do mais belo por amor à vida. Ai, em parte alguma existe uma ilusão salutar para me proteger da última ceia com o cadáver. Os mortos querem viver de mim.

Ó mártires, dai-me leões, espada, fogo! Morrestes em beleza! Houve coisa mais bela do que vossa morte?[315]

Por que tu consideraste como aquele que deve beber os dejetos da humanidade que escorreram da cristandade?

Que tormento terrível e repugnante![316]

Ó minh'alma, não te basta a contemplação da plenitude fogosa? Queres ainda mergulhar completamente [130/131] na luz ardente da deidade? Em que sombras do tormento me lanças? O lodaçal fedorento do diabo não é tão profundo que suas fezes chegam a sujar até mesmo tuas vestes brilhantes?

De onde tiras o direito de cometer tal injúria contra mim?

---

311 Em vez disso, *LN* diz: "A história da humanidade" (p. 435).
312 "Ledo engano!" foi acrescentado aqui no *LN*.
313 Sábado. Jung atendeu cinco pacientes. Cf. *Aprofundamentos* {5} (*LN*, p. 435): "Depois que a falecida pronunciou todas essas palavras, desapareceu. Eu mergulhei em tristeza e sombria confusão. Quando levantei novamente os olhos, vi minha alma nos espaços superiores, pairando iluminada pelo brilho distante da divindade. Gritei:" foi acrescentado aqui.
314 A última cláusula não foi reproduzida no *LN*.
315 O parágrafo precedente não foi reproduzido no *LN*.
316 A linha precedente não foi reproduzida no *LN*.

Se é for a tua vontade, deixa que passe por mim o cálice da imundície repugnante.³¹⁷ Mas se esta não for a tua vontade, eleva-te, ó minh'alma, acima do céu incandescente e eleva tua ~~queixa~~ acusação e derruba o assento de Deus, no qual está sentado o terrível, anuncia o direito dos homens também diante dos Deuses e vinga neles a injúria da humanidade, pois só os Deuses foram capazes de incitar o ³¹⁸verme para a atrocidade gigantesca.

Que baste o meu destino, e deixa que as pessoas [131/132] administrem o destino humano.

Ó minha mãe humanidade, afasta de ti o terrível verme divino sem alma, o cruel estrangulador³¹⁹ de pessoas. Não o veneres por causa de seu terrível veneno. Basta uma única gota – e o que lhe vale uma gota? ~~Para ele~~ Uma gota – para ele que é infinitude, plenitude e vazio extremos ao mesmo tempo?³²⁰

10. I. 16.³²¹

³²²Despe, ó homem, a tua alma também do divino, na medida do possível. Em que farsa diabólica ela te envolve, arrogando-se ter poder divino sobre ti! Ela é uma criança malcriada, um demônio sanguinário, uma torturadora de humanos sem igual, justamente porque possui [132/133] divindade.³²³ Uma criança e um ancião, uma mulher ~~caprichosa~~ má, um diabo, um ser que precisa ser entretido. Teme a alma, despreza-a e ama-a, assim como aos Deuses e a Deus. Que fiquem longe de nós! Mas que a alma esteja próxima de nós. Jamais perde a alma! Pois, quando perdida, ela se transforma na terrível serpente ardilosa, no tigre que ataca pelas costas. Uma pessoa que se perde se transforma em animal, uma alma perdida, porém, se transforma em diabo. Agarra-te à tua

---

317 Em Getsêmani, Cristo disse: "'Pai, se for possível, afasta de mim este cálice, contudo não se faça como eu quero, mas como tu queres'" (Mt 26,39).
318 Em vez disso, *LN* diz: "homem-verme" (p. 436). Cf. Jó 25,6: "quanto menos o homem, esse verme, e o filho de Adão, essa larva?"
319 Em vez disso, *LN* diz: "afasta de ti o horrível verme-Deus" (p. 436).
320 Em vez disso, *LN* diz: "ele, para quem é igual toda plenitude e todo vazio?" (ibid.).
321 Segunda-feira. Jung atendeu seis pacientes.
322 O seguinte foi acrescentado aqui no *LN*: "Mas quando pronunciei essas palavras, percebi que ΦΙΛΗΜΩΝ estava atrás de mim e que me havia inspirado estas palavras. Ele colocou-se ao meu lado, invisível, e eu senti a presença do bom e do belo. E ele falou-me com voz mansa e profunda:" (p. 436).
323 O seguinte foi acrescentado aqui no *LN*: "Por quê? De onde? Porque lhe prestas veneração. O mesmo querem os mortos. Por que não se calam? Porque não passaram para o além. Por que ainda desejam sacrifícios? Para poderem viver. Mas por que ainda querem viver com os homens? Porque querem dominar. Não se realizaram em sua voracidade de poder, uma vez que morreram como pessoas na vontade de poder" (ibid.).

alma com amor, com temor, com desprezo e ódio, ~~mas~~ sem jamais perdê-la de vista. Ela é um tesouro infernalmente divino que precisa ser guardado atrás de paredes de ferro na abóbada mais profunda. [133/134] Ela sempre quer sair e irradiar beleza cintilante. Cuidado, pois já estás traído! Nunca encontraste uma mulher mais infiel, mais ardilosa, mais traiçoeira, nunca encontraste um homem mais bruto e infame do que a tua alma[324] – nunca viste uma pessoa mais linda, nobre e perfeita do que a tua alma. Protege dela a humanidade, e ela da humanidade. Ouve o que ela lamenta e canta na prisão, mas não permitas que ela fuja, pois se transformará imediatamente em meretriz. Como marido és abençoado através dela e, portanto, amaldiçoado. Permita que ela brinque com os mortos, pois ela pertence mais à espécie deles do que à tua. Ela é menor e maior do que um homem.[325] Ela pertence à raça demoníaca dos polegares e dos gigantes e só é parente distante [134/135] da espécie humana. Se quiseres compreendê-la em termos humanos, enlouquecerás. Toda tua raiva, todo teu desespero e todo teu amor pertençam a ela.[326] Assim a humanidade é libertada do terrível pesadelo. Pois se não veres a tua alma, tu a verás nos teus próximos, e isso te levará à loucura, pois tu não consegues enxergar esse mistério diabólico e essa assombração infernal. Observa o ser humano, o fraco em sua miséria e agonia, aquele que os Deuses escolheram como sua caça – rasga o véu sangrento que a tua alma perdida teceu em tua volta, as redes horrendas trançadas por aquela que traz a morte e agarra esta prostituta divina, que ainda não se recuperou de sua queda [135/136] e, em cegueira frenética, ainda deseja a sujeira para nela se lançar.[327] ~~Como~~ Prende-a como uma cadela no cio, que deseja misturar seu sangue nobre com qualquer vira-lata sujo. Deves capturá-la, pois, em algum momento, já basta. Faze com que ela prove os teus tormentos para que ela sinta o ser humano e seu martelo que ele arrebatou dos Deuses.

Que no mundo das pessoas domine o ser humano. Que se apliquem as suas leis. Mas trata as almas, os demônios e os Deuses segundo sua maneira, oferecendo o que exigem. Mas não importune o ser humano com isso, não exijas

---

324 No lugar do restante dessa oração, *LN* diz: "Como louvar o milagre de sua beleza e perfeição? Não está ela no esplendor da juventude imperecível? Seu amor não é vinho inebriante e sua sabedoria, esperteza antiquíssima de serpente?" (ibid.).
325 As duas orações precedentes não foram reproduzidas no *LN*.
326 Em vez disso, *LN* diz: "O excesso de tua raiva, de teu desespero e de teu amor pertence a ela, mas também só o excesso. Se lhe deres este excesso" (ibid.).
327 A cláusula precedente não foi reproduzida no *LN*.

dele nada que os diabos da alma e os Deuses te levam a crer, antes suporta, sofre e permanece em silêncio.[328] [136/137]

Por que deves te calar?[329] Porque nada tens a dizer sobre esses assuntos.[330] O que são demônios que nada podem fazer?[331] Então deixa que ajam e [não] te antecipa de teu modo tosco e desajeitado com logorreias e gesticulações, caso contrário serás demoníaco e os outros serão demônios através de ti, pois os demônios se alegram com o frenesi inútil dos homens xx impotentes. Então suporta e te cala, assim os demônios terão que se atormentar e todos aqueles que deixam se enganar pelos demônios.

Cobre tua cabeça com o manto da paciência e do silêncio e senta-te, enquanto isso o demônio completará sua obra. Se for capaz, ele realizará milagres. Assim estarás sentado sob uma árvore [137/138] frutífera.

Saibas que os demônios querem inflamar-te para a sua obra, que não é a tua. E tu, tolo, tu acreditas que sejas tu mesmo porque não consegues distinguir-te de tua alma. No entanto, és distinto dela,[332] não és uma alma-

---

[328] O seguinte foi acrescentado aqui no *LN*: "e faze piamente o que corresponde à tua espécie. Não deves agir no outro, mas em ti, a não ser que o outro peça ajuda ou opinião. Entendes o que o outro faz? Nunca – como o poderias? Donde tiras o direito de opinar ou agir sobre o outro? Tu desleixaste de ti mesmo, teu jardim está cheio de erva daninha e tu queres ensinar ordem a teu vizinho e apontar-lhe defeitos" (p. 438).

[329] "sobre o outro" foi acrescentado aqui no *LN* (ibid.).

[330] No lugar da linha precedente, *LN* diz: "Porque há o suficiente que falar de teus próprios demônios. Mas quando opinas e ages sobre o outro, sem que ele tenha pedido opinião ou conselho, tu o fazes porque não consegues diferenciar-te de tua alma. Por isso sucumbes à pretensão dela e a ajudas em sua prostituição. Ou acreditas que deves emprestar tua força humana à tua alma ou aos Deuses? Cego, isto é pretensão cristã. Os Deuses não precisam de tua ajuda, adorador ridículo de ídolos que te sentes a ti mesmo como um Deus e queres formar, melhorar, censurar, educar e criar pessoas. És tu mesmo perfeito? – Por isso fica quieto e faze tua obrigação e considera diariamente tua insuficiência. Tu mesmo tens a maior necessidade de tua ajuda, deves guardar prontos para ti opinião e bom conselho e não correr qual prostituta para o outro com compreensão e vontade de ajudar. Não precisas fazer o papel de Deus" (ibid.).

[331] No *LN*, o restante desse parágrafo foi substituído por: "Portanto, deixa que atuem, mas não através de ti, senão és tu mesmo um demônio no outro. Deixa-os entregues a si mesmos e não venhas logo com amor canhestro, preocupação, cuidado, conselho e outras pretensões. Pois com isso farias o trabalho dos demônios, tu mesmo te tornarias um demônio e, assim, furioso. Mas os demônios se alegram com a fúria de pessoas desamparadas que querem ajudar os outros e dar-lhes conselho. Portanto fica quieto, completa a maldita obra redentora em ti mesmo, então os demônios têm de esfalfar-se eles mesmos e também todos os teus concidadãos que não se diferenciam de sua alma e se deixam imitar pelos demônios. É terrível abandonar-se aos concidadãos deslumbrados? Seria terrível se pudesses abrir os seus olhos. Mas tu só poderias abrir seus olhos se eles te pedissem opinião e ajuda. Se não pedirem, é que eles não precisam de tua ajuda. Contudo, se impuseres a eles a tua opinião, és um demônio para eles e aumentas seu deslumbramento, dando-lhes um mau exemplo" (p. 438-439).

[332] "não tens de promover a prostituição com outras almas" foi acrescentado aqui no *LN* (p. 439).

-Deus-diabo,[333] mas uma pessoa impotente que não precisa servir aos deuses reproduzidos.[334] És, porém, carcereiro da tua alma, o eunuco de tua alma, que deve protegê-la ~~de~~ dos Deuses e dos homens. Da mesma forma, deves proteger os homens dela – sim, talvez também os Deuses.[335] Pois ao homem é dado poder, um veneno que paralisa os Deuses, assim como à pequena abelha, cuja força bruta é infinitamente [138/139] inferior à nossa, é dado um doloroso ferrão de veneno. Tua alma, porém, o extrato da substância humana, pode ser perigosa até para os Deuses por conta desse veneno.[336] Portanto, vigia a perigosa,[337] pois não só as pessoas, mas também os Deuses precisam viver.

[338]Assim, minh'alma, falo contigo. Ouço o que dizes!

"És verdadeiramente misericordioso".

Estás amuada?

"Quase, mas devo reconhecer teu carinho. Tu te preocupas comigo".

Então gostaste desse tom?

"Sem zombaria, por favor, senão tu atinges a ti mesmo. Deves ser objetivo comigo, senão eu te engano e fujo de ti." [139/140] Não te esqueças de me amar".

Tenho dificuldades em coadunar ódio e amor.

"É compreensível, mas tu sabes que são a mesma coisa. Ambos são válidos para mim. Como a todas as mulheres naturais, a forma não importa, quero que tudo me pertença e a mais ninguém. Tenho inveja até mesmo do ódio que tu dás a outros. Quero tudo, pois preciso de tudo para a grande viagem que pretendo iniciar após o teu desaparecimento".

Como és amigável por preparar-te já para a minha morte.[339]

---

333 Em vez disso, *LN* diz: "como se tu mesmo fosses uma alma" (ibid.).
334 No *LN*, a cláusula precedente foi substituída por: "que precisa de toda sua força para o aperfeiçoamento próprio. Por que olhas para os outros? O que vês neles, está negligenciado em ti" (ibid.).
335 No *LN*, as duas orações precedentes foram substituídas por: "Deves ser o guarda diante da prisão de tua alma. Tu és o eunuco de tua alma, que a protege dos Deuses e dos homens, ou que protege os Deuses e os homens dela" (p. 439).
336 No *LN*, a oração precedente foi substituída por: "Tua alma poderia apoderar-se desse veneno e assim tornar-se perigosa até mesmo aos Deuses" (ibid.).
337 No *LN*, essa expressão foi substituída por: "cuida da alma, diferencia-te dela" (ibid.).
338 No *LN*, os seis parágrafos seguintes foram substituídos pelo seguinte: "Após ΦΙΛΗΜΩΝ ter terminado, dirigi-me à minha alma, que, durante o discurso de ΦΙΛΗΜΩΝ, se havia aproximado do alto e lhe falei: 'Escutaste bem o que ΦΙΛΗΜΩΝ disse? Agrada-te este tom? Gostas de seu conselho?' Mas ela disse: 'Não zombes, senão machucas a ti mesmo. Não te esqueces de me amar'" (p. 439-440).
339 A oração precedente não foi reproduzida no *LN*.

"O que queres?[340] É[341] preciso tomar providências a tempo. Até lá, preciso estar preparada, e ainda falta muito. Eu entendi [140/141] plenamente".[342]

Isso soa muito sensato. Estás satisfeita com tua prisão?[343]

"Naturalmente. Aqui[344] tenho sossego e posso me concentrar. Teu mundo humano me embriaga, tanto sangue humano – eu poderia me embriagar dele até o delírio. xx Porta de ferro, parede de pedra, escuridão fria e comida quaresmal – isso é êxtase de redenção. Não imaginas meu tormento quando sou tomado de embriaguez sangrenta, eu desejo me lançar incansavelmente na matéria viva por causa de uma sombria e terrível compulsão criativa, que, no passado, me aproximou dos sem vida, e que acendeu em mim o terrível desejo de procriação. Afasta de mim a matéria que concebe, o feminino no cio do vazio morto. [141/142]

Impõe-me o confinamento, onde encontro resistência e minha própria lei. Onde posso pensar na viagem, na ascensão do sol e nas asas douradas vibrantes e melodiosas. Eu te agradeço – querias agradecer-me? Estás cego. Sou eu que te devo gratidão, minha gratidão mais profunda".

Como és divinamente bela!

11. I. 16.[345]

Ó amargura! Tu me arrastaste através de um inferno de ilusões, tu quase me torturaste até a morte – e eu estou ávido de tua gratidão. Sim, fico comovido com teu agradecimento. A natureza do cão está em meu sangue. Por isso sou amargo. Por causa de mim, pois – o que te importa! Tu és divina e diabolicamente grande, onde e [142/143] como quer que sejas. Sou apenas teu carcereiro,[346] teu porteiro eunuco, tão preso como tu. Casamento triplamente amaldiçoado![347] Fala, concubina do céu, monstro divino! Eu não te fisguei do pântano? Como gostas do buraco escuro? Fala sem sangue, canta com força própria, já te alimentaste suficiente do humano.

---

340 A oração precedente não foi reproduzida no *LN*.
341 Em vez disso, *LN* diz: "eu" (p. 440).
342 A oração precedente não foi reproduzida no *LN*.
343 No *LN*, a oração precedente foi substituída por: "'E tu concordas que eu te lance na prisão?', perguntei" (p. 440).
344 Em vez disso, *LN* diz: "lá" (ibid.).
345 Terça-feira. Jung atendeu sete pacientes. "Mas ao mesmo tempo fui tomado de raiva:" foi acrescentado aqui no *LN* (p. 440).
346 Essa expressão não foi reproduzida no *LN*.
347 A oração anterior não foi reproduzida no *LN*.

³⁴⁸"Misericórdia, ó rígido! Tem piedade!"

Piedade? Alguma vez tiveste compaixão de mim? Torturadora de animais, jamais passaste de caprichos compassivos. Viveste de comida humana e bebeste minha força vital. Isso te deixou gorda? [143/144] Será que aprenderás a ter respeito do tormento do animal humano? Almas e Deuses, o que faríeis sem as pessoas? Por que as desejais? Não conseguis ser sem elas! Fala!³⁴⁹

"Ficarei cem anos no cárcere? Até quando deve durar a punição?"

Já choramingas? Não posso segurar-te cem anos. Que contrassenso é este que falas? Talvez mais 20 ou 30 anos, então estarás livre para sempre e nenhum amante ciumento a prenderá mais. Então ouvirás meu silêncio por toda eternidade. E ninguém te conhecerá e amará. [144/145] Certa vez, Satanás foi preso no abismo durante 1.000 anos.³⁵⁰ E tu? Em breve, terás liberdade, mas sem as pessoas.

Se houver lágrimas sangrentas, então deixa que eu as derrame sobre ti.

Fala, meretriz!

"Estou sem palavras. Estou horrorizada com tua acusação".

Ficarás séria agora? Repensarás? Aprenderás a ser modesta ou a adquirir outra virtude humana? Tu, ser anímico desalmado? Ah, não tens alma, porque és a própria alma, monstro! Queres, porventura, uma alma humana? Devo eu tornar-me tua alma terrena para que recebas alma? Eu aprendi contigo. [145/146]

Eu aprendi a me comportar como alma, de modo exemplarmente ambíguo, misteriosamente mentiroso e hipócrita. Acima de tudo, porém, é preciso começar com traição.³⁵¹

³⁵²Bendita sejas, minha alma virginal! Louvado seja o teu nome. Tu és a escolhida entre as mulheres. És a parideira de Deus. Louvada sejas! Honra e glória a ti para sempre. Amém.³⁵³

---

348 O seguinte foi acrescentado aqui no *LN*: "Minha alma se contorceu, revirou-se qual verme pisado e gritou:" (p. 441).
349 As duas orações anteriores e os três parágrafos seguintes não foram reproduzidos no *LN* (ibid.).
350 Ap 20,2-3: "Ele agarrou o dragão, a antiga serpente, que é o diabo, Satanás, e o acorrentou por mil anos. Lançou-o no abismo, que foi trancado e selado, para que o dragão não seduzisse mais as nações até o fim dos mil anos. Depois disso deve ser solto por pouco tempo".
351 A oração anterior não foi reproduzida no *LN*.
352 O seguinte foi acrescentado aqui no *LN*: "Enquanto falava essas coisas à minha alma, ΦΙΛΗΜΩΝ ficou parado a certa distância. Mas agora aproximou-se, colocou a mão sobre meu ombro e falou em meu nome:" (p. 441).
353 A última palavra não foi reproduzida no *LN*.

Moras em templo dourado. De longe vêm os povos e te louvam.

Eu,[354] teu servo, aguardo tua palavra.

Bebo vinho tinto, oferecendo-te assim um sacrifício de bebida em memória da ceia de sangue que [146/147] celebraste conosco.

Preparo uma galinha preta[355] como oferta de comida em memória ao homem que te alimentou.

Convido meus amigos para a ceia sacrificial e trazemos coroas de louros e rosas em lembrança da tua despedida de teus servos e servas desolados.

Que este dia seja uma festa da alegria e da vida, em que tu, a mais bendita, iniciaste o retorno da terra dos homens, tu que a aprendeste a ser alma.

Tu segues o filho, que subiu e passou para o outro lado.

Tu nos elevas como tua alma e te colocas diante do filho de Deus, [147/148] preservando teu direito imortal como ser anímico.

A alegria está conosco, coisas boas te seguem, nós te fortalecemos. Nós estamos na terra dos homens e vivemos.

13. I. 16.[356]

O que ainda reténs? O que escondes? Talvez um vaso dourado, uma joia que roubaste do homem? Não fulgura uma pedra preciosa, um brilho dourado por trás de teu manto? Que coisa linda é essa que roubaste quando bebeste o sangue das pessoas e comeste seu corpo sagrado? Dize a verdade, pois vejo a mentira em teu rosto! [148/149]

"Eu não peguei nada".

Tu mentes. Queres que suspeitem de mim onde tu erraste. Eu Passou o tempo em que roubavas as pessoas. Devolve tudo o que lhes é herança sagrada e de que tu te apropriaste gananciosamente. Roubaste do mendigo e do servo. Deus é rico e poderoso, rouba dele. Sua riqueza não conhece perda. Mentirosa infame, quando deixarás de torturar tua humanidade e de roubar?

---

354 Em vez disso, *LN* diz "nós" como sujeito para o restante desse registro (p. 441-442).
355 Algumas variedades de galinhas, como a sedosa, possuem penugem preta. É possível que Jung tenha se referido também a uma galinha de patas pretas, como o poulet de Bresse, prezado por seu sabor.
356 Quinta-feira. Jung atendeu um paciente. O seguinte foi acrescentado aqui no *LN*: "Depois que ΦΙΛΗΜΩΝ terminou, minha alma olhou triste e satisfeita, hesitante, preparou-se para nos deixar e subir novamente, satisfeita pela liberdade adquirida. Mas eu adivinhei algo estranho nela, algo que ela procurava esconder de mim. Por isso, não deixei que partisse e falei:" (p. 442).

[357]"Eu não suspeito de ti. Quero teu bem. Respeito teu direito. Reconheço tua humanidade. Não tiro nada de ti.[358] Pois possuis tudo. Eu não possuo nada".

No entanto, mentes insuportavelmente. [149/150] Possuis não só aquela peça magnífica que pertence a mim, tens também acesso aos Deuses e à plenitude eterna. Devolve, enganadora!

"Como podes? Não te conheço mais. Estás louco. E mais, és risível, um filhote de macaco que estende sua mão para tudo que brilha. Não permitirei que tires o que é meu".

[359]Mentes, tu mentes. Eu vi o ouro, [360]sei que pertence a mim. Tu não o levarás. Devolve!

[361]"Não quero devolvê-lo. É precioso demais para mim. Ai, queres roubar-me a última coisa?" [150/151]

Adorna-te com o ouro dos Deuses, mas não com as preciosidades miseráveis das pessoas exploradas da terra. Uma vez deves provar da pobreza celestial, após teres pregado às pessoas a pobreza terrena por tanto tempo como um verdadeiro e autêntico clérigo mentiroso, que enche sua pança e seu bolso e fala de pobreza.

"Tu me atormentas terrivelmente. Deixa-me esta única coisa. Os humanos ainda têm bastante disso. Não posso ser sem esta única coisa incomparável pela qual até mesmo os Deuses invejam os homens".

Não serei injusto. Mas dá-me o que me pertence e implora por aquilo que disto precisas. [151/152] O que é?

"Pena que não posso ficar com isso nem escondê-lo, é o amor, o amor humano caloroso, o sangue, o sangue quente e vermelho, a sagrada fonte da vida, a união de todo o separado e desejado".

Então é o amor de que vos apropriastes como de um direito natural, mesmo que ainda tendes que mendigá-lo. Vós vos embriagais do sangue das pessoas e as deixais morrer de fome – o amor é meu.[362] Vós vos arrastais e implorais por ele como cães. Estendais vossas mãos, abanais o rabo para que [152/153] o

---

357 "Ela me olhou com aquele olhar inocente de pomba e disse com brandura:" foi acrescentado aqui no *LN* (p. 442).
358 "Não oculto nada de ti", foi acrescentado aqui no *LN* (p. 442).
359 "Cheio de raiva, gritei:" foi acrescentado aqui no *LN* (p. 442).
360 "eu vi o ouro, a luz fulgurante da joia" foi acrescentado aqui no *LN* (p. 442).
361 "Ela desatou em choro teimoso e disse:" foi acrescentado aqui no *LN* (p. 442).
362 "Eu quero amar e não vós através de mim" foi acrescentado aqui no *LN* (p. 443).

recebeis.³⁶³ Eu tenho a chave e serei um administrador³⁶⁴ mais justo do que vós, semisseres, almas sem alma e Deuses sem Deus, e tu, Deus abandonado por Deus. Vós vos reunireis na fonte de sangue³⁶⁵ e trareis vossas dádivas, para que recebeis o que necessitais.

Ó homem,³⁶⁶ guarda a fonte sagrada, para que nenhum Deus se apodere dela. Os Deuses não têm medida nem misericórdia. Eles se embriagam com a bebida mais preciosa.³⁶⁷ Eles a desperdiçam em embriaguez, pois não conhecem Deus nem alma.³⁶⁸ Arrogância e imoderação, dureza e insensibilidade são sua essência. Cobiça e por amor à cobiça, poder por amor ao poder, prazer por amor ao prazer, imoderação e [153/154] insaciabilidade, é nisso que reconheces os demônios.

Ah, diabos e Deuses,³⁶⁹ ainda tendes que aprender a rastejar na poeira pelo amor, para que, de alguém em algum lugar, conseguis uma gota do doce vivo. Aprendei dos homens humildade e orgulho por amor ao amor.

Deuses, vosso filho primogênito é o ser humano. Ele gerou um filho de Deus terrivelmente feio-belo.³⁷⁰ Mas este mistério se cumpre também em vós. Vós também gerastes um filho do homem,³⁷¹ igualmente magnífico e terrível, e vós também servireis ao seu domínio.

³⁷²Ambos, Deus e homem, são decepcionados ×× decepcionantes, abençoados [154/155] abençoadores, poderosos sem poder.

O universo eternamente rico se desdobra novamente em céu da terra e céu dos Deuses, em submundos e mundos superiores. Novamente se separa o que foi dolorosamente unido e constrangido sob um jugo só. Uma diversidade infinita substitui o uno comprimido. Pois apenas a diversidade é riqueza, florescimento, colheita.

---

363 No *LN*, a oração precedente foi substituída por: "abanareis o rabo como cachorros famintos" (p. 443).
364 No *LN*, o restante dessa oração foi substituído por "do que vós, Deuses ímpios" (p. 443).
365 "em torno do milagre propício" foi acrescentado aqui no *LN* (p. 443).
366 "Ó homens" foi substituído no *LN* por "Eu" (p. 443).
367 "Ambrósia e néctar são a carne e o sangue das pessoas, verdadeiramente um alimento nobre" foi acrescentado aqui no *LN* (p. 443). Na mitologia grega, ambrósia e néctar são a comida e a bebida dos Deuses.
368 A oração precedente foi substituída no *LN* por: "Dissipam a bebida em embriaguez, o bem do pobre, pois eles não têm Deus nem alma, que seriam seus juízes" (p. 443).
369 "demônios e almas" foi acrescentado aqui no *LN* (p. 443).
370 "que é toda a vossa renovação" foi acrescentado aqui no *LN* (p. 444).
371 "que é minha renovação" foi acrescentado aqui no *LN* (p. 444).
372 "Aproximou-se ΦΙΛΗΜΩΝ, levantou sua mão e disse:" foi acrescentado aqui no *LN* (p. 444).

Eu te beijo, livro da luz e da vida.[373]

14. I. 16.[374]

[375]O quê? Alma, ainda estás aqui? Não encontraste teu [155/156] lugar, ou não encontraste as palavras que me pertencem? Como veneras tua alma terrena? Lembra o que suportei e sofri por ti, como eu me desgastei, como me prostrava diante de ti e lutava, como te ofereci o sangue do meu coração em cálices cheios! Tenho uma exigência a impor-te: aprenderás o culto de tua alma terrena.[376]

Eu vi a terra prometida ao ser humano, a terra onde corre leite e mel.[377]

Vi o esplendor do sol sobre aquela terra.

Vi as matas verdes, os vinhedos dourados e as aldeias [156/157] e as pessoas que habitam.

Vi as montanhas que se erguem até o céu com as colinas de neve eterna.

Vi a fertilidade e a felicidade da terra.

Em lugar nenhum, porém, vi a felicidade das pessoas.

Ó alma, obrigas homens mortais a trabalhar e sofrer para tua salvação imortal. Exijo de ti que faças a tua parte também para a felicidade terrena do ser humano. Contempla isso! Falo em meu nome e em nome da humanidade. Tuas são a nossa força e a nossa glória, teu é o reino e nossa terra prometida.[378] Portanto age, usa tua plenitude! [157/158]

Eu permanecerei em silêncio, sim, tu me perderás. Cabe a ti, tu podes fazer o que os mortais não podem criar. Permaneço em aguardo, exigindo. Tortura a ti mesmo para que tu o encontres. Onde está tua salvação imortal se não cumprires teu dever de trazer ao homem o sagrado? Contempla isso. Assim, trabalharás para mim, para mim, aquele que se cala e carrega.[379]

O destino eterno governa também os Deuses, não apenas os mortais.

---

373 A linha precedente não foi reproduzida no *LN*.
374 Sexta-feira. Jung atendeu oito pacientes.
375 O seguinte foi acrescentado aqui no *LN*: "Passou-se uma noite e um dia, e quando chegou novamente a noite e olhei ao meu redor, vi que minha alma hesitava e esperava. Por isso disse a ela:" (p. 444).
376 No *LN*, isso foi substituído por: "deves aprender a respeitar o ser humano" (p. 444).
377 Em Êxodo 3, Deus aparece a Moisés na sarça ardente e promete tirar seu povo do Egito e levá-lo para a terra em que fluem mel e leite.
378 Cf. o Pai-nosso: "Pois teu é o reino, o poder e a glória para sempre".
379 A cláusula anterior foi substituída no *LN* por: "e eu me calo" (p. 445).

15. I. 16.[380]

O que há com aquela velha fornalha, que está deserta e onde pouco é fundido?

Minh'alma, eu te invoco, [158/159] fala![381]

"Joga nela coisa velha e quebrada, inutilizada e destruída, para que se renove para novo uso".

Mas o que é?[382]

"É costume antigo e bom[383] dos pais, praticado diariamente desde os primórdios; deve ser adaptado a um novo uso.[384] É prática diária. É uma retomada diária para a fornalha de tudo que está desgastado, para que seja fundido e renovado e sirva a um novo propósito.

Deves fundir todo o teu sentir que desgastou o dia, retirando-o para o interior, para o calor represado, para que ferrugem e dano sejam retirados através do calor do fogo [159/160] e para que tu, com ferramentas renovadas, comeces o trabalho do dia. Os ancestrais rezavam e praticavam a cerimônia consagrada".

Ensina-me a cerimônia, ensina-me sua seriedade e utilidade e também seu sentido, para que eu possa cumprir o necessário.

"Acima de tudo, dirige a mim a tua oração, para que eu a transmita ao Deus distante. A oração possui poder mágico e obriga os Deuses. Sentes a influência dos Deuses e dos demônios? Eles oram também a ti e assim te obrigam. Faze então o mesmo com eles. Eu lidero através da intercessão". [160/161]

Ensina-me a te invocar.

---

380 Sábado. Jung atendeu cinco pacientes.
381 No *LN*, os dois parágrafos precedentes foram substituídos por: "'Pois bem', disse ela, 'vou pôr mãos à obra'" (p. 445).
382 Esta oração não foi reproduzida no *LN*.
383 Essa palavra não foi reproduzida no *LN*.
384 No *LN*, o restante deste registro foi substituído pelo seguinte: "É prática e incubação na fornalha de fundição, uma retomada do interior, do represamento quente, onde são tiradas ferrugem e fragilidade através do calor do fogo. É cerimônia sagrada, ajuda para mim, a fim de que minha obra tenha sucesso./Toca a terra, aperta tua mão na matéria, molda-a com cuidado. Grande é o poder da matéria. Hap não veio da matéria? A matéria não é o preenchimento do vazio? Enquanto moldas a matéria, eu moldo tua felicidade. Não duvidas do poder de Hap. Como podes duvidar do poder de sua mãe, a matéria? A matéria é mais forte do que Hap, pois Hap é o filho da terra. A matéria mais dura é a melhor, tu deves moldar a matéria mais duradoura. Isto dá força ao pensamento" (p. 446).

"É sem palavras, são poucas palavras, antes é ação. Devem ser poucas palavras, deve ser nenhuma palavra. Deve ser ação, prostração em tapete colorido que significa o mundo".

Estás mentindo?

"Por que fazes esta pergunta? O que me serve a cerimônia? Tu ~~queres~~ precisas dela para ti mesmo".

Isso é verdade? Até mesmo o tapete? Coisas externas são necessárias?

"Tu não conheces o poder da matéria, assim como também não conheces o poder do homem nem o teu próprio. A matéria é o polo oposto do Deus. Deus atraiu o falo para fora dela. [161/162] Sim, ele atrai a matéria para fora do vazio diabólico, que é o próprio Deus.

Sabes que o poder do falo é grande. Alguma vez duvidaste disso? Saiba, então, que o poder da matéria é <u>ainda maior</u>. A terra é mais poderosa do que o falo, ele é o filho transiente, ela é a mãe primordial. A matéria mais dura, mais imperecível é a melhor. Precisa ser formado nessa matéria.

A pedra mais dura é boa para a ideia maior.

Penetrar a matéria mais profundamente concede maior poder ao pensamento.

Sempre cria em matéria.["] [162/163]

16 I 16[385]

Tremendo é o poder do Deus.

"Experimentarás ainda mais dele. Estás na segunda era. A primeira era está superada. Este é o tempo do domínio do filho, que tu chamas o Deus-sapo. Uma terceira era seguirá, a era da distribuição e do poder equilibrado".[386]

Minh'alma, para onde foste? Foste para os animais?

---

[385] Domingo. Este registro não foi reproduzido no *LN*. Serviu como base para a cosmologia elaborada em *Septem Sermones ad Mortuos* (cf. abaixo). Em vista de sua importância, foi incluído como apêndice C no *LN* (p. 511-516).

[386] Em *Aíon* (OC 9/2, § 139ss.), Jung atribui importância especial a Joaquim de Fiore (1135-1202), que falou de uma série de três estados do mundo de crescente espiritualidade: a Era do Pai, correspondente ao Antigo Testamento, caracterizada pela obediência às regras de Deus; a Era do Filho, desde o nascimento de Cristo até 1260, correspondente ao Novo Testamento, em que o homem se torna filho de Deus, e a Era do Espírito Santo, quando a humanidade entra em contato direto com Deus numa nova dispensação de amor universal que procede do Evangelho de Cristo, mas que transcende sua letra.

"Eu ligo o superior ao inferior. Eu ligo Deus e animal. Algo em mim é animal, algo é Deus, e um terceiro é humano. Abaixo de ti, a serpente; dentro de ti, o homem; acima de ti, Deus. Depois da serpente vem o falo, depois a terra, depois ~~o~~ a lua e depois o frio e o [163/164] vazio do espaço sideral.

Acima de ti vem o pombo ou a alma celestial, ~~a~~ onde amor e previsão se unem, assim como se unem na serpente o veneno e a esperteza. A esperteza é razão diabólica, que sempre detecta coisas menores e encontra buracos onde tu não os suspeitas.

Se eu não consistir na união do inferior e do superior, eu me decomponho em três partes: <u>serpente</u>, e nela ou em alguma outra forma animal eu vagueio, vivendo a natureza de forma demoníaca, incutindo temor e desejo. ~~;~~ A <u>alma humana</u>, que sempre vive contigo. A alma celestial, que como tal vive com os Deuses, [164/165] distante de ti e desconhecida a ti, aparece em forma de pássaro. Então, cada uma dessas três peças é independente.

Do outro lado de mim está a mãe celestial.[387] Sua contraparte é o falo.[388] ~~Desde~~ Sua mãe é a terra, seu alvo é a mãe celestial.

A mãe celestial é a filha do mundo celestial. Sua contraparte é ~~é~~ a terra.

O mundo celestial é iluminado pelo sol espiritual. Sua contraparte é a lua. E assim como a lua é a transição para a morte do espaço, o sol espiritual é a transição para o pleroma,[389] o mundo superior da plenitude. A lua é

---

387 O *Fausto* de Goethe termina com uma visão da Mater Gloriosa. Em sua palestra "Fausto e alquimia", Jung disse: "A Mater Coelestis deveria, de forma alguma, ser imaginada como Maria ou a Igreja. Ela é, antes, Afrodite urania, como em Santo Agostinho ou em Pico della Mirandola, a beatissima mater" (GERBER-MÜNCH, I. *Goethes Faust: Eine tiefenpsychologische Studie über die Mythen des modernen Menschen* — Mit dem Vortrag von C.G. Jung, Faust und die Alchemie. Küsnacht: Stiftung für Jung'sche Psychologie, 1997, p. 37).

388 Em *Transformações e símbolos da libido*, Jung observou: "O falo é a criatura que move sem membros, que vê sem olhos e conhece o futuro; e, como representante simbólico do poder criativo onipresente, alega imortalidade" (CW B, § 209). Depois, discute Deuses fálicos.

389 O pleroma, ou plenitude, é um termo do gnosticismo. Exerceu um papel central no sistema valentiniano. Hans Jonas afirma que "pleroma é o termo padrão para a multiplicidade plenamente explicada das características divinas, cujo número padrão é trinta, formando uma hierarquia e constituindo a esfera divina" (*The Gnostic Religion*: The Message of the Alien God and the Beginnings of Christianity. Londres: Routledge, 1992, p. 180). Em 1929, Jung disse: "Os gnósticos [...] expressaram como Pleroma, um estado de plenitude no qual os pares dos opostos, sim e não, dia e noite, estão juntos, aí quando eles 'acontecem', é tanto dia quanto noite. No estado de 'promessa' antes de eles acontecerem, eles são inexistentes, não há nem branco nem preto, nem bom nem mau" (McGUIRE, W. (org.). *Seminários sobre análise de sonhos*. Notas do seminário dado em 1928-1930 por C.G. Jung. Petrópolis: Vozes, 2014, p. 139-140). Em seus escritos posteriores, Jung usou o termo para designar um estado de pré-existência e potencialidade, identificando-o com o bardo tibetano: "Ele deve acostumar-se com a ideia de que o tempo é um conceito relativo que, a rigor, deveria ser completado pela noção da existência 'simultânea' de Bardo ou pleromática de todos os

o olho divino do vazio, assim como o sol é o olho divino do cheio. A lua que vês [165/166] é o símbolo, como o é também o sol que vês. Sol e lua, isto xx é, seus símbolos, são Deuses. Existem ainda outros Deuses, seus símbolos são os planetas.

A mãe celestial é um daimon, abaixo da posição dos Deuses, uma habitante do mundo celestial.

Os Deuses são favoráveis e adversos, impessoais, almas de astros, influências, forças, ancestrais de almas, senhores no mundo celestial, tanto no espaço quanto na força. Não são perigosos nem bondosos, são fortes, mas flexíveis, esclarecimentos do pleroma e do xx vazio eterno, figurações dos atributos eternos.

Seu número é incontável [166/167] e leva ao uno essencial superior, que contém em si todos os atributos, mas que não possui nenhum atributo, um nada e um tudo, a completa dissolução do homem, morte e vida eterna.

O homem surge através do principium individuationis.[390] Ele busca individualidade absoluta, e assim ele condensa cada vez mais a dissolução absoluta do

---

processos históricos. Aquilo que existiu como 'processo' eterno no pleroma surge, no tempo, como sequência aperiódica, ou seja, numa repetição muitas vezes irregular" (*Resposta a Jó*, OC 11/4, § 629, cf. tb. 620, 624, 675, 686, 727, 733, 748). A distinção que Jung estabelece entre o pleroma e a criatura apresenta alguns pontos de contato com a diferenciação do Mestre Eckhart entre Deus e a Trindade. Jung comentou sobre isso em *Tipos psicológicos* (OC 6, § 429ss.). A relação do pleroma de Jung com Eckhart é discutida em MAILLARD, C. *Au coeur du Livre Rouge – Les Sept Sermons aux Morts. – Aux sources de la pensé de C.G. Jung*. Paris: La compagnie du livre rouge, 2017, p. 118-120. Em 1955-1956, Jung igualou o pleroma à noção do alquimista Gerhardus Dorn do Unus Mundus (mundo único) (*Mysterium Coniunctionis*, OC 14/2, § 325). Jung adotou essa expressão para designar o postulado transcendental da unidade que subjaz à multiplicidade do mundo empírico (ibid., § 413ss.).

390 O *principium individuationis* é uma noção da filosofia de Arthur Schopenhauer. Ele o definiu como espaço e tempo, observando que ele tinha emprestado a expressão da escolástica. O *principium individuationis* era a possibilidade de multiplicidade (SCHOPENHAUER, A. *The World as Will and Representation* [1819]. 2 vols. Nova York: Dover, p. 145-146). O termo foi usado por Eduard von Hartmann, que viu sua origem no inconsciente. Designava a "singularidade" de cada indivíduo, contraposta ao "inconsciente todo uno" (Von HARTMANN, E. *Philosophie des Unbewussten*: Versuch einer Weltanschauung. Berlim: C. Duncker, 1869, p. 519). Em 1912, Jung escreveu: "Diversidade surge da individuação. Esse fato valida uma parte essencial da filosofia de Schopenhauer e Hartmann em termos psicológicos profundos" (*Transformações e símbolos da líbido*, CW B, § 289). Numa série de artigos e apresentações mais tarde em 1916, ele desenvolve esse conceito de individuação ("A estrutura do inconsciente", OC 7/2, e "Individuação e coletividade", OC 18/2) (cf. a introdução). Em 1921, ele a definiu da seguinte maneira: "O conceito de individuação desempenha papel não pequeno em nossa psicologia. A individuação, em geral, é o processo de formação e particularização do ser individual e, em especial, é o desenvolvimento do indivíduo psicológico como ser distinto do conjunto, da psicologia coletiva. É, portanto, um processo de diferenciação que objetiva o desenvolvimento da personalidade individual" (*Tipos psicológicos*, OC 6, § 853).

pleroma. Assim ele transforma o pleroma em um ponto, que contém a maior tensão e é, ele mesmo, uma estrela brilhante, imensuravelmente pequena, assim como o pleroma é imensuravelmente grande. Quanto mais o pleroma é condensado, mais forte se torna a estrela do indivíduo. Ela está envolta em nuvens brilhantes, um astro no devir, ⚹ comparável a um pequeno sol. Ela expele fogo. Por isso é chamada εγω συμπλανος υμιν αςτηρ.[391] Igual ao sol, [167/168] que também é uma estrela desse tipo, um Deus e ancestral das almas, a estrela do indivíduo é, igual ao sol, um Deus e ancestral das almas. De vez em quando, é visível, exatamente como eu a descrevi. Sua luz é azul, como a de uma estrela distante. Ela está lá longe no espaço, fria e solitária, pois está além da morte. Para alcançar a individualidade, precisamos de uma grande parte de morte. Por isso está escrito: θεοι εστε,[392] pois assim como os homens que dominam a terra são inúmeros, são inúmeros também os astros, os Deuses como senhores do mundo celestial.

Este Deus é aquele que sobrevive à morte dos homens. Aquele para o qual a solidão é céu irá para o céu; aquele para o qual a solidão é inferno irá para o inferno. Aquele que não levar a cabo o principium individuationis não se tornará Deus, pois não suporta a individualidade. [168/169]

Os mortos que nos assediam são almas que não cumpriram o principium individuationis, caso contrário teríamos nos tornado estrelas distantes. Na medida em que não o cumprimos, os mortos têm um direito a nós e nos sitiam, e não temos como escapar deles.

---

[391] "Eu sou uma estrela, vagando por aí contigo" – da liturgia de Mitra (DIETERICH, A. *Eine Mithrasliturgie*. Leipzig: B.G. Teubner, 1903, p. 8, l. 5). Jung gravou a continuação dessa oração em sua pedra em Bollingen.

[392] "Vós sois Deuses"; cf. Jo 10,34: "Eles responderam: 'Por nenhuma obra boa te apedrejamos, mas sim pela blasfêmia, pois sendo homem te fazes Deus'. Jesus respondeu: 'Não está escrito em vossa Lei: Eu disse: vós sois Deuses?'"

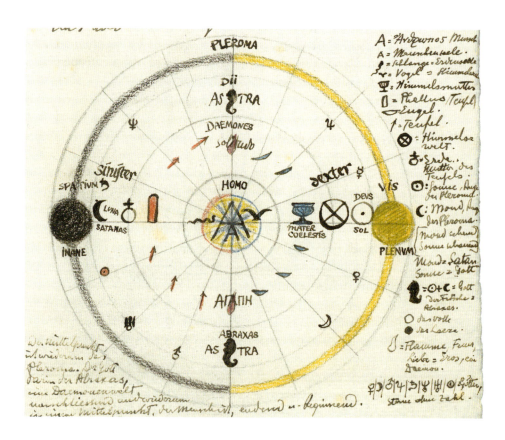

LEGENDA DA IMAGEM:

- A anthropos
- A alma humana
- serpente = alma terrena
- pássaro = alma celestial
- mãe celestial
- falo (diabo)
- anjo
- diabo
- mundo celestial
- terra, mãe do diabo
- sol, olho do pleroma
- lua, olho do pleroma
- [lua, vendo]
- [sol, olhando]
- lua = Satanás
- sol = Deus

 Deus dos sapos = Abraxas

○ a plenitude
● o vazio
 chama, fogo, amor = Eros, um daimon

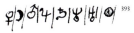 [393]

Deuses, estrelas sem número

O ponto central é, novamente, o pleroma. O Deus nele é Abraxas, um mundo de daimons o cerca e, novamente, num ponto central, está a humanidade, com um fim e um início.

---

393 Estes são os símbolos astrológicos para Vênus, Marte, Júpiter, Saturno, Netuno, Urano e o Sol.

[394]O Deus das rãs ou dos sapos, o acéfalo, é a união do Deus cristão com Satanás. Sua natureza é semelhante à chama, semelhante a Eros, mas um Deus; Eros [169/170] é apenas um daimon.[395]

O <u>Deus uno</u>, que é digno de adoração, está no centro.

<u>Deves adorar apenas um Deus</u>. Os outros Deuses não importam. <u>Abraxas</u>[396] <u>deve ser temido</u>. Por isso foi uma libertação quando ele se separou de

---

394 Mais tarde, Jung incorporou essa imagem numa pintura intitulada de *Systema Mundítotius* (cf. apêndice, p. 131). No reverso, escreveu em inglês: "Essa é a primeira mandala que construí no ano de 1916, totalmente inconsciente de seu significado". A pintura contém a figura de Fanes, que aparece pela primeira vez nos *Livros Negros* em 28 de setembro de 1916 (*Livro 6*, p. 258), sugerindo que o *Systema* foi pintado em algum momento mais tarde.

395 Em 1917, Jung escreveu um capítulo sobre "A teoria sexual" em *A psicologia dos processos inconscientes*, que apresentava uma crítica ao entendimento psicanalítico do erótico. Em sua revisão de 1928 desse capítulo, intitulado agora de "A teoria do Eros", ele acrescentou: "Por um lado, ['o erótico'] pertence à natureza primitiva e animal do homem e existirá enquanto o homem tiver um corpo animal. Por outro lado, está ligado às mais altas formas do espírito. Só floresce quando espírito e instinto estão em perfeita harmonia. [...]. 'Eros é um grande daimon', declara a sábia Diotima a Sócrates. Nunca o dominamos totalmente; se o fizermos, será em prejuízo próprio" (OC 7/1, § 32-33). No *Banquete*, Diotima ensina a Sócrates sobre a natureza do Eros. Ela lhe diz: "'Ele é um grande espírito, Sócrates. Tudo que é classificado como espírito se insere entre Deus e humano'. 'Qual é a sua função?', perguntei. 'Eles interpretam e levam mensagens dos humanos aos Deuses e dos Deuses aos humanos. Eles comunicam orações e sacrifícios dos humanos, e ordens e dádivas em troca pelos sacrifícios dos Deuses. Sendo intermediários entre os outros dois, eles preenchem a lacuna entre eles e capacitam o universo a formar um todo interconectado. Servem como médiuns para toda divinação, para a perícia sacerdotal no sacrifício, ritual e encantos e para toda profecia e feitiçaria. Os Deuses não fazem contato direto com os humanos, eles comunicam e conversam com humanos (despertos ou adormecidos) inteiramente por meio dos espíritos" (Londres: Penguin, 1999, p. 202e-203a. Em *Memórias*, Jung refletiu sobre a natureza do Eros, descrevendo-o como "um *kosmogonos*, um criador, pai e mãe de toda consciência" (p. 347). Essa caracterização cosmogônica de Eros precisa ser distinguida do uso do termo por Jung para caracterizar a consciência feminina. Cf. *Livro 2*, nota 182.

396 Em 1932, Jung escreveu: "o símbolo gnóstico Abraxas, um nome inventado que significa 365 [...] os gnósticos o usaram como nome de sua deidade suprema. Era um Deus do tempo. A filosofia de Bergson, *la durée créatrice*, é uma expressão da mesma ideia". E: "assim como esse mundo arquetípico do inconsciente coletivo é extraordinariamente paradoxal, sempre sim e não, aquela figura de Abraxas significa o início e o fim, é vida e morte, portanto, é representada por uma figura monstruosa. É um monstro porque é a vida da vegetação ao longo de um ano, primavera e outono, verão e inverno, o sim e o não da natureza. Assim, Abraxas é idêntico com o demiurgo, o criador do mundo. E como tal é certamente idêntico com Purusha ou com Shiva" (16 de novembro de 1932, VS, vol. 2, p. 806-807). Acrescentou: "Abraxas costuma ser representado com a cabeça de uma ave, o corpo é de um homem, e com o rabo de uma serpente, mas existe também o símbolo com cabeça de leão e corpo de dragão, a cabeça coroada com os doze raios, aludindo ao número de meses" (7 de junho de 1933, VS, vol. 2, p. 1.041-1.042). Segundo Ireneu, Basilides defendeu que "seu senhor é chamado Abrasaks, e é por isso que esse (senhor) contém nele o número 365" (LAYTON, B. *The Gnostic Scriptures*, p. 425). Abraxas aparece em: DIETERICH, A. *Abraxas* – Studien zur Religionsgeschichte des späten Altertums. Leipzig: B.G. Teubner, 1891. Jung estudou essa obra minuciosamente no início de 1913, e seu exemplar apresenta anotações. Ele também possuía um exemplar de *The Gnostics and Their Remains*, de Charles King (Londres: Bell and Daldy, 1864), e há anotações às margens de uma passagem que discute a etimologia de Abraxas na p. 37.

mim. Não precisas buscá-lo. Ele te encontrará, como também Eros. Ele é o Deus do espaço sideral, muito poderoso e terrível. Ele é o impulso criativo, ele é figura e figuração, tanto matéria quanto força, por isso acima de todos os Deuses claros e escuros. Ele arranca as almas e as lança na procriação. Ele é criador e criatura. Ele é o Deus que sempre se renova, no dia, no mês, no ano, na vida humana, na era, em povos, no vivo, em astros. Ele obriga, é implacável. Quando o adoras, tu fortaleces seu poder [170/171] sobre ti. Assim, ele se torna insuportável. Terás um trabalho terrível de se livrar dele. Quanto mais tu te livrares dele, mais tu te aproximas da morte, pois ele é a vida do universo. Ele, porém, é também a morte universal. Por isso, cais vítima dele novamente, não na vida, mas na morte. Por isso, lembra-te dele, não o adores, mas também não acredites que consegues escapar dele, pois ele te cerca. Deves estar no meio da vida, envolto pela morte. Estendido como um crucificado, tu estás pendurado nele, o terrível, o sobrepoderoso.

Mas tens em ti o Deus uno, o maravilhosamente belo e bondoso, o solitário, o astral, o imóvel, que é mais velho e mais sábio do que o pai, aquele que tem uma mão segura, que te guia em toda escuridão e em todos os pavores da morte do terrível Abraxas. Ele dá [171/172] paz e alegria, pois ele está além da morte e além das mudanças. Ele não é servo nem amigo de Abraxas. Sim, ele mesmo é um Abraxas, mas não para ti, mas em si mesmo e em seu mundo distante, pois tu mesmo és um Deus, que habita espaços distantes e se renova em suas eras e criações e povos, igualmente poderoso para eles quanto Abraxas é poderoso para ti.

Tu mesmo és criador de mundos e criatura.

Tens o Deus uno, tu te tornas o teu Deus uno no número infinito dos Deuses.

Como um Deus, tu és o grande Abraxas de teu mundo. Como homem, porém, és o coração do Deus uno, que aparece ao seu mundo como o grande Abraxas, o temido, o poderoso, aquele que doa loucura, [172/173] que distribui a água da vida, o espírito da árvore da vida, ~~o poder~~ o daimon do sangue, aquele que traz a morte.

Tu és o coração sofredor de teu Deus-estrela uno, que é Abraxas para o seu mundo.

Portanto, visto que és o coração do teu Deus, busca-o, ama-o, vive para ele. Teme o Abraxas, que rege o mundo dos homens. Aceita ao que ele te obriga, pois ele é o senhor da vida deste mundo e ninguém escapa dele. Se não o aceitares, ele te torturará até a morte, e o coração de teu Deus sofrerá, assim como o Deus uno de Cristo sofreu o pior em sua morte.

O sofrimento da humanidade é sem fim, pois sua vida é sem fim. Pois não há fim onde ninguém enxerga que existe um fim. Quando a humanidade acabar, não haverá ninguém que vê seu fim e ninguém [173/174] que poderia dizer que a humanidade tem um fim. Assim, ela não tem um fim para si mesma, mas apenas para os Deuses.

~~Visto que também~~ A morte do Cristo não tirou nenhum sofrimento do mundo ~~xx, xx~~ , mas sua vida nos ensinou muito, ou seja: que o Deus uno se agrada ~~que~~ quando o indivíduo vive sua própria vida contra o poder de Abraxas. Através disso, o Deus uno se livra do sofrimento da terra, no qual seu Eros o lançou; pois quando o Deus uno viu a terra, ele a desejou para a procriação e esqueceu que já lhe havia sido dado um mundo no qual ele era o Abraxas. Assim o Deus uno se tornou homem. Por isso, o Deus uno eleva o homem até si e para dentro de si, para que o uno volte a ser completo.

No entanto, a libertação do homem do poder de Abraxas não ocorre quando o homem se esquiva do poder de Abraxas [174/175] – ~~pois~~ ninguém pode se esquivar dele – mas quando ele se subjuga a ele. Até Cristo teve que se subjugar ao poder de Abraxas, e Abraxas o matou de forma cruel.

Apenas se viveres a vida poderás livrar-te disso. Portanto, viva-a na medida em que te cabe. Na medida em que a vives, cais também vítima do poder de Abraxas e de suas terríveis enganações. Na mesma medida, porém, o Deus-estrela em ti adquire ~~for~~ desejo e força, quando o fruto da enganação e da decepção dos homens cai sobre ele. Dor e decepção enchem o mundo de Abraxas com frieza, todo o teu calor vital afunda aos poucos até as profundezas de tua alma, até o centro dos homens, onde brilha a luz estelar distante e azul do teu Deus uno.

Quando foges de Abraxas porque tens medo, tu foges da dor e da decepção, [175/176] e assim permaneces preso a Abraxas com temor, *i. e.*, com amor inconsciente, e teu Deus uno não pode se inflamar. Mas através de dor e decepção tu te redimes, pois por conta própria teu desejo cai na profundeza como uma fruta madura, seguindo a gravidade, buscando o centro, onde é gerada a luz azul do Deus-estrela.

Portanto, não fujas de Abraxas, não o busques. Tu sentes sua compulsão, não resistas, para que tu possas viver e assim pagar o teu resgate.

As obras de Abraxas devem ser cumpridas, pois, contempla isto, em teu mundo tu mesmo és Abraxas e obrigas tua criatura ao cumprimento de tuas obras. Aqui, onde és uma criatura sujeita a Abraxas, deves aprender a cumprir as obras da vida. Lá, onde tu és Abraxas, tu ~~x~~ obrigas as tuas criaturas.

Perguntas por que tudo é assim? Entendo que isso te parece questionável [176/177]. O mundo é questionável. Ele é a loucura infinitamente grande dos Deuses, e sabes que ela é infinitamente sábia. Certamente é também uma blasfêmia, um pecado imperdoável e, por isso, também o amor e a virtude mais sublimes.

Então vive a vida, não fujas de Abraxas, contanto que ele te obrigue e tu sejas capaz de reconhecer sua necessidade. Em um sentido eu te digo: não o temas, não o ames. Em outro sentido eu te digo: teme-o, ama-o. <u>Ele é a vida da terra</u>, isso diz o bastante.

~~xx~~ Precisas do conhecimento da multiplicidade dos Deuses. Não podes reunir tudo em um único ser. Como não és um com a multiplicidade dos homens, assim também o Deus ~~eterno~~ uno não é um com a multiplicidade dos Deuses. Esse Deus uno é o bondoso, o amoroso, o orientador, o curador. A ele [177/178] pertence todo o teu amor e adoração. É a ele que deves orar, com ele és um, ele está perto de ti, mais perto do que a tua alma.

Eu, tua alma, sou tua mãe, que te envolve carinhosa e terrivelmente, aquela que te nutre e corrompe, eu preparo para ti o bom e o veneno. Eu sou tua intercessora junto a Abraxas. Eu te ensino as artes que te protegem contra Abraxas. Eu estou entre ti e Abraxas, que envolve tudo. Eu sou teu corpo, tua sombra, tua ação neste mundo, tua manifestação no mundo dos Deuses, teu brilho, teu sopro, teu cheiro, tua força mágica. Tu me invocas quando desejas viver com os homens, mas invocas o Deus <u>uno</u> quando queres te elevar acima do mundo dos homens para alcançar a solidão divina e eterna do astro. [178/179]

18 I 16.[397]

[398] Ó minh'alma, o que estás fazendo? Que medo e inquietação crias para mim? O que haverá de ser na profundeza do futuro?

O que vejo? Chamas flamejantes? Um fogo – um fogo sangrento?

Ah, meu Deus, eu te invoco, obriga minha alma para que ela me dê resposta sobre as coisas que me assediam!

"Tu estavas pensando na grande inundação, estavas pensando no muro protetor, mas não pensaste no fogo que corre pelos ares".

No fogo? O que queres dizer?

"Sê sensato! Um fogo nos ares está aguardando, ele se aproxima, uma chama, muitas chamas – um milagre quente – muitas luzes se acendem, como estrelas da noite.[399] – Meu amado, [179/180] a graça do fogo eterno – o sopro do fogo desce sobre ti".

Minh'alma, eu te invoco – terrível – temo algo cruel – um medo sem nome preenche meu coração, pois terríveis foram as coisas que tu anunciaste antes – tudo deve ser quebrado, queimado, destruído? Nenhum grito de desespero te alcança?[400]

"Paciência, há fogo sobre ti – diante de ti,[401] um mar de brasas – um fogo que consome – um incêndio flamejante".

Não me tortures – como são cruéis os segredos que possuis. Fala, eu te imploro.[402] Meu Deus, minha estrela distante, eu te invoco! Onde está teu poder? Protege-me [180/181] ou dá-me força para suportar o indizível.

Ou, minh'alma, mentes novamente? Maldito espírito atormentador, monstro enganador, o que pretendes com teus espectros fraudulentos?

"Quero também o teu medo".

Para quê?[403]

---

397 Terça-feira. Jung atendeu seis pacientes.
398 No LN, os cinco primeiros parágrafos e a primeira oração do sexto parágrafo foram substituídos pelo seguinte: "Eu fiz, como minha alma sugeriu, e moldei na matéria os pensamentos que ela me deu. Ela me falou muitas vezes e demoradamente da sabedoria que está por trás de nós. Mas uma noite ela chegou de repente com o hálito da intranquilidade e do medo e gritou: 'O que vejo? O que esconde o futuro? Fogo chamejante?'" (Aprofundamentos {6}, p. 445ss).
399 No LN, a oração precedente foi substituída por "como se inflamam muitas luzes?" (p. 445).
400 A oração precedente não foi reproduzida no LN.
401 No LN, o restante dessa oração foi substituído por: "um mar de calor desmedido" (p. 446).
402 O restante desse parágrafo não foi reproduzido no LN.
403 "Para me torturar?" foi acrescentado aqui no LN (p. 446).

"Para apresentá-la ao senhor deste mundo.[404] Ele exige o sacrifício de teu medo".

Por quê? Fala![405]

"Ele te julga digno desse sacrifício. Abraxas tem misericórdia de ti".[406]

Misericórdia de mim? O que isso significa? Prefiro esconder-me dele. Meu rosto teme o senhor deste mundo, pois ele está marcado, ele é portador de um sinal terrível. Ele contemplou o proibido, por isso temo o senhor deste [181/182] mundo."

"Mas deves colocar-te diante dele. Teu medo o atraiu".

Tu incutiste esse medo em mim, mentirosa.[407] Por que me traíste?

"Foste convocado para o seu serviço".

Destino triplamente amaldiçoado! Por que não podes deixar-me oculto? Por que ele me escolheu para o sacrifício? Milhares se prontificariam a ele de boa vontade, por que justamente eu? Eu não quero, eu não posso.

"Tens a palavra que não pode permanecer oculta".

[408]Eu a ensinarei aos meus, aos próximos, mas não a jogues na rua. O que queres ajudar a Abraxas? [182/183] Ele tem o poder, ele que crie a partir de si mesmo, por que devo sangrar por ele e me consumir no fogo eterno? Meu Deus, livra-me do medo. Dá-me a visão redentora, em tuas mãos entrego o meu espírito.[409]

[410]Vejo campos amplos e montanhas azuis, e fumaça passa nas alturas. Um mar de fogo se aproxima,[411] ele inflama cidades e aldeias, passa pelo vale, queima as matas[412] – eu[413] caminho à frente em trajes queimados, com cabelo

---

404 A pintura *Systema Munditotius* tem uma legenda na parte inferior: "Abraxas dominus mundi" (Abraxas, Senhor do mundo).
405 A oração precedente não foi reproduzida no *LN*.
406 No *LN*, ao invés, consta: "Ele te é propício" (p. 446).
407 "Mentirosa" não foi reproduzido no *LN*.
408 Em vez disso, *LN* diz: "O que significa minha palavra? É o balbucio da criança, é minha pobreza e impotência, meu não poder de outra forma. E é isto que desejas arrastar para diante do senhor deste mundo?" (p. 446).
409 Cf. Lc 23,46: "Clamando com voz alta, Jesus disse: 'Pai, em tuas mãos entrego o meu espírito'. Dizendo isto, expirou."
410 No lugar da oração seguinte, *LN* diz: "Mas ela olhou fixamente para longe e disse: 'Eu vejo a superfície da terra e fumaça se estende sobre ela" (p. 446).
411 "do norte" foi acrescentado aqui no *LN* (p. 446).
412 " – as pessoas deliram – " foi acrescentado aqui no *LN* (p. 446).
413 *LN* diz "tu" e "teu" no lugar de "eu" e "meu" no restante desse parágrafo (p. 446). Aqui, o "eu" tem a visão e a descreve; no *LN*, a visão é dada à alma.

chamuscado, com loucura em meus olhos, minha língua está seca; e minha voz, rouca[414] – eu corro à frente e anuncio o que se aproxima – às pressas subo as montanhas e desço por cada vale silencioso, [183/184] gaguejo palavras de pavor e anuncio o tormento do fogo. Apavoradas, as pessoas fogem de mim, pois carrego as marcas do fogo. Elas não veem o fogo, elas veem a mim e suspeitam em mim o mensageiro da tortura que arde. Que fogo?, perguntam elas. Que fogo? Eu gaguejo, eu balbucio – o que sei eu do fogo? Eu vi as brasas, contemplei o fogo incandescente. Meu Deus, ajuda-nos e nos salva para o além.

[415]Meu Deus, prepara-me! É a morte, é o imortal?

Meu Deus, por que me abandonaste?[416] Ó terrível silêncio! [184/185]

Minh'alma, fala, por Deus, fala!

"Tens esperado tempo bastante. Os fogos sagrados flamejam, entra nas chamas. Entra na luz. Traz para o alto o que esteve na escuridão, anuncia o vindouro".

O que devo anunciar? O fogo? Que fogo?

"A chama que arde sobre tua cabeça, olha para o alto, os céus ficam vermelhos".[417]

23. I. 16.[418]

Meu Deus, minha luz maravilhosa!

---

414 "e dissonante" foi acrescentado aqui no *LN* (p. 447).
415 Os quatro parágrafos seguintes não foram reproduzidos no *LN*.
416 Cf. Mt 27,46: "Pelas três da tarde, Jesus gritou com voz forte: Eli, Eli, lemá sabachthani! O que quer dizer: Meu Deus, meu Deus, por que me abandonaste?"
417 "Com essas palavras, minha alma desapareceu" foi acrescentado aqui no *LN*.
418 Domingo. Este registro não foi reproduzido no *LN*. Em 27 de janeiro de 1916 houve uma apresentação à Associação de Psicologia Analítica por Adolf Keller sobre "Une mystique moderne", de Théodore Flournoy. Jung possuía dois exemplares dessa obra, ambos com anotações. Na discussão, Toni Wolff observou: "Na análise, é possível alcançar Deus também através de amor e vontade, não através de opressão, como K. imagina". Jung respondeu: "Na análise, nós nos preparamos para isso. Caso contrário, ocorre a opressão". Schneiter comentou: "A unio mystica dos místicos é amor", e Jung comentou: "A experiência do diabo está faltando". Emma Jung comentou: "O conceito de Deus *não* corresponde a uma imagem ou imago conhecida", ao que Jung respondeu: "Isso já é o caso com os primitivos (o Deus não é o pai, mas o Avô etc.). Isso mostra que não se trata de uma reavaliação do pai e que é apenas um conceito representante que pode ser substituído por qualquer outro. Deus é tudo que é e cria emoção". Mais tarde na discussão, Jung comentou: "Primeiro Deus é sentido tradicionalmente, convencionalmente, depois dinamicamente, depois sentido na humanidade (como efeito mágico da pessoa). Mas isso resulta num Deus além de bem e mal. Leva ao diabo (como guerra). É um pensamento primitivo: tudo que é estranho é mágico. Também medieval. Mlle V nos mostra que ela experimenta Deus como dynamis subjetiva, e entre os homens é o pessoal. Um Deus além do bem e do mal questiona o relacionamento humano [...] um Deus além do bem e do mal também não é cristão. O cristão é apenas um rótulo. – Se ela continuasse de forma consequente,

29. I. 16.[419]

Minh'alma, sei que chamaste o diabo. Ele enviou seus penosos vapores. [185/186] Foi ele que bateu à minha porta com seu bando de companheiros sombrios. Eu os detectei pelo cheiro no ar. O que veio sobre ti ~~xx~~ para me aprontar isso? Para que o diabo?

"Para abrir o que está trancado?"

O quê? Meus segredos? Eles já estão expostos demais!

"Não, tuas portas de ferro!"

Para que esse bando maligno invada meu jardim? Devo ser pilhado e jogado no lixo? Fazes de mim uma piada e um brinquedo de criancinhas. Quando, ó meu Deus, serei remido deste inferno de loucos? Eu [186/187] anseio a morte, o frio mais interior. Seria este o diabo? Ele está em algum lugar próximo.

Minh'alma, maldito espírito atormentador, já chega! Chega de feiura, chega de sujeira, chega de contrassenso descarado. Quero ser um homem. <u>Não quero mais amar os homens.</u> Quero ser. Quero despedaçar vossas teias malditas. Ide ao inferno, tolos. Que a luz me envolva.

"O que falas? Deixa o diabo trabalhar. Ele cuidará disso".

Como posso confiar em ti? Tu trabalhas para ti, não para mim. Para que serves, vagabunda, se nem consegues me proteger das [187/188] confusões do diabo? Seria este o fogo do inferno?

"Estás irritado. Cala-te, estás perturbando a obra".

Estou cansado. Não quero surpresas. Fala, o que pretendes? O que significam o diabo e sua assombração noturna?

"Viemos realizar o trabalho, o misterioso, o invisível. Fervemos o ar em tua volta, misturamos nele vapores finos, narcóticos, confusos e sedutores, pre-

---

ela se meteria entre os polos. No fim, ela assume a visão segundo a qual ela se transforma no próprio Cristo. Isso já é analítico. Os cristãos se tornam christiani, não christoi" (MAP, pp. 99ss.). Os comentários de Jung sobre um Deus além do bem e do mal convergem com a concepção de Abraxas que ele estava elaborando nesses registros.

419 Sábado. Jung atendeu cinco pacientes. No LN, este registro foi substituído pelo seguinte: "Mas eu fiquei durante muitos dias na intranquilidade e confusão. Minha alma se calou e não se podia vê-la. Mas uma noite, um bando sombrio bateu à minha porta e eu tremi de medo. Apareceu, então, minha alma e disse apressadamente: 'Eles estão aí e vão arrombar tua porta.'/'Será que esta manada ruim vai invadir o meu jardim? Serei saqueado e atirado na rua? Tu fazes de mim um macaco e brinquedo de crianças. Por que, meu Deus, devo ser libertado desse inferno de loucos? Mas eu vou acabar com vossas tramas malditas, ide para o inferno, malucos. O que quereis comigo?'/Mas ela me interrompeu e disse: 'O que estás falando? Cede a palavra à escuridão'. Eu retruquei: 'Como posso confiar em ti? Trabalhas para ti, não para mim. Para que serves, se não consegues proteger-me contra essa confusão do diabo?'/'Fica quieto', disse ela, 'senão destróis a obra'" (p. 447).

paramos o brilho, o indispensável, o procurado e o temido. Quero ter parte em tua fama. Tu nos serves. Trabalhemos. Com palavras lisas, com [188/189] gestos eloquentes, lançamos redes. Solta-te. Tudo fluirá como óleo e cheirará como nardo.[420] Brilho fogoso inimitável, homenzinhos irrequietos em armadilhas invisíveis, uma risada de zombaria quieta na distância, presos que rangem os dentes e tremem de medo".

Calada, diaba, sinto nojo.

"Tu gostas. Aproxima-se o dia da vingança. Não esqueces todas as injustiças que sofreste. Eles pagarão resgate. Ah, como correrão para saudar o senhor e se curvarão".

Maldita! Foi o diabo que te deu as palavras?

"Palavras brilhantes e cintilantes, claras como aço afiado, cortante como o vento do norte. Zombaria de preciosidade [189/190] seleta".

Estou ficando enjoado.

"Espíritos fazem o trabalho, não tu. Fica calmo e nos deixa trabalhar. Seremos certeiros. Habita quieto, tranquilo. Manteremos vivas as brasas.

Constrói pedra após pedra com calma. Faremos a nossa parte. Não te preocupas. Já brilha o fogo".

Meu Deus, tu vês o sacrilégio.

"""Que o destino se cumpra[.]"""

30 I 16[421]

De que adianta? Está fervendo terrivelmente.

"A vida começa". [190/191]

Deve ela começar ainda muitas vezes? Ou será que ainda não começou? É uma tensão insuportável. Quando se fará silêncio?

"Devagar, devagar. Não pressiona".

Para ti é fácil falar. Estou explodindo. É realmente como se portas de ferro devessem ser explodidas. O que deve sair? Como deve sair?

---

420 Uma pomada aromática.
421 Domingo. No *LN*, os quatorze primeiros parágrafos foram substituídos pelo seguinte: "Quando disse essas palavras, ΦΙΛΗΜΩΝ aproximou-se de mim com veste branca de sacerdote e colocou a mão sobre meu ombro.' Falei então à escuridão: 'Falai, vós mortos'. E logo gritaram em uníssono" (p. 447). Referindo-se à relação de Filêmon com os Sermones, Jung disse a Aniela Jaffé: "Eu o entendi [*i. e.*, Filêmon] por assim dizer nos Sermones que ele professou. Os 'Septem Sermones' mencionam apenas ele. Os 'Sermones', isso foi mais tarde, quando Filêmon perdeu sua autonomia absoluta" (MP, p. 25).

"Sair por trás".

Monstro.

"Por trás de suas costas, em linguagem culta. Tudo acontece por trás de tuas costas".

Por que não devo estar presente? Eu também quero viver.

"Isso virá a ti pela frente["]. [191/192]

E nisso devo confiar?

"Que mais? Consegues fazer isso? Não. Só podes esperar até acontecer".

Mas isso me dilacera. Desde que trouxeste o diabo, estou sendo atormentado infernalmente. Precisas me dar alívio. Dize uma palavra redentora. E o que há com os espíritos? Eles ficam me puxando e mal consigo me manter de pé.

"Entrega-te a eles".

Mortos, falai então! Ainda não estais esvaziados?

"Voltamos de Jerusalém, onde não encontramos o que procurávamos! Deixa-nos entrar.[422] [192/193]

Tu tens o que desejamos. Queremos tua luz, não teu sangue".

[423]Mas o que posso fazer?

---

422 Cf. *Livro 4*, p. 207, onde os anabatistas mortos liderados por Ezequiel vão para Jerusalém para orar nos lugares sagrados.

423 No *LN*, os próximos seis parágrafos foram substituídos por: "Então ΦΙΛΗΜΩΝ levantou sua voz, deu-lhes uma lição e disse (e esta é a primeira instrução dos mortos)" (p. 448). As versões caligráfica e impressa dos *Sermones* têm o subtítulo "As sete instruções dos mortos. Escritas por Basilides em Alexandria, onde o Oriente toca o Ocidente. Traduzidas do texto grego original para a língua alemã". Basilides era um filósofo cristão em Alexandria na primeira parte do século II. Pouco se sabe sobre sua vida. Seus ensinamentos apresentam um mito cosmogônico. Sobreviveram apenas fragmentos, e nenhum com sua própria caligrafia. Para os fragmentos sobreviventes e um comentário, cf. LAYTON, B. *The Gnostic Scriptures*, p. 417-444. Segundo Charles King, Basilides nasceu egípcio. Antes de sua conversão ao cristianismo, ele "seguia as doutrinas da gnose oriental e tentou [...] combinar as doutrinas da religião cristã com a filosofia gnóstica [...]. Para isso, escolheu expressões inventadas por ele mesmo e símbolos engenhosos" (KING, D. *The Gnostics and their Remains*, 1864, p. 33-34). Segundo Layton, o mito gnóstico clássico apresenta a seguinte estrutura: "Ato I. A expansão de um primeiro princípio solitário (Deus) em um universo não físico completo (espiritual). Ato II. Criação do universo material, incluindo estrelas, planetas, terra e inferno. Ato III. Criação de Adão e Eva, seus filhos. Ato IV. História subsequente da raça humana" (LAYTON, B. *The Gnostic Scriptures*, p. 13). Assim, em seus esboços mais amplos, os *Sermones* de Jung são apresentados numa forma análoga ao mito gnóstico. Jung discute Basilides em *Aíon*. Ele dá aos gnósticos o mérito de terem encontrado expressões simbólicas adequadas do Si-mesmo e observa que Basilides e Valentino permitiram que fossem "influenciados pela experiência natural íntima. Por isso eles são, como os alquimistas, uma verdadeira mina daqueles símbolos resultantes da evolução posterior da ação do Evangelho. Mas suas ideias constituem igualmente compensações para a assimetria divina introduzida pela doutrina da *privatio boni*, inteiramente na linha das conhecidas tendências modernas do inconsciente de fabricar símbolos de totalidade para transpor a brecha entre a consciência e o inconsciente" (OC 9/2, § 428). Em 1915, ele escreveu uma carta a um amigo de seus dias de

"Ensina-nos, nós ouviremos!"

O que devo ensinar?

"A sabedoria, o conhecimento que adquiriste e que nos faltava".

Mas por onde devo começar?

"Começa, começa, não importa por onde. Por onde te parece bem começar".

Então, mortos, ouvi! Eu vos ensino:[424] começo no nada.

---

faculdade, Rudolf Lichtenhan, que tinha escrito um livro, *Die Offenbarung im Gnosticismus* (1901). A resposta de Lichtenhan, de 11 de novembro, sugere que Jung tinha pedido informações referentes à concepção de diferentes caracteres humanos no gnosticismo e sua possível correlação com a distinção de William James entre caracteres duros e mansos (JA). Em *Memórias*, Jung disse: "De 1918 a 1926 lancei-me seriamente ao estudo dos gnósticos. Meu interesse ligava-se ao fato de eles terem encontrado, a seu modo, o mundo original do inconsciente. Confrontaram-se com imagens e conteúdos que, evidentemente, estavam contaminados pelo mundo dos instintos" (p. 205). Ele já estava lendo literatura gnóstica para sua leitura preparatória de *Transformações e símbolos da libido*. Durante seu serviço no exército em 12 de outubro de 1915, ele estava lendo sobre Simão Mago e Basilides e se surpreendeu com os paralelos com seu próprio material. Existe um corpo extenso de comentários sobre os *Septem Sermones*. Esses estudos providenciam alguns pontos de discussão valiosos. No entanto, estes devem ser tratados com cuidado, pois (com a exceção da edição revisada do primeiro e do segundo), eles consideram os *Sermones* sem o benefício do *Liber Novus* e dos *Livros Negros* e, também, sem os comentários de Filêmon, que, juntos, fornecem esclarecimentos contextuais essenciais. Os estudiosos têm discutido a relação de Jung com o gnosticismo e o Basilides histórico, outras fontes possíveis e paralelos para os *Sermones*, e a relação dos *Sermones* com suas obras posteriores. Cf. esp. MAILLARD, C. *Au cœur du Livre Rouge* – Les Sept Sermones aux Morts – Aux sources de la pensée de C.G. Jung. Paris: Imago, 1993. ● GREENE, L. *Jung's Studies in Astrology*: Prophecy, Magic, and the Cycles of Time. Londres: Routledge, 2018. ● *The Search for Roots*: C.G. Jung and the Tradition of Gnosis. Los Angeles/Salt Lake City: Gnosis Archive Books, 2013. ● SEGAL, R. *The Gnostic Jung*. Princeton: Princeton University Press, 1992. ● QUISPEL, G. "C.G. Jung und die Gnosis". In: *Eranos-Jahrbuch* 37, 1968 [reimp. in: BRENNER, E.M. "Gnosticism and Psychology: Jung's Septem Sermones ad Mortuos". In: *Journal of Analytical Psychology* 35, 1990. ● HUBBACK, J. "VII Sermones ad mortuos". In: *Journal of Analytical Psychology* 11, 1966. ● HEISIG, J. "The VII Sermones: Play and Theory". In: *Spring: A Journal of Archetype and Culture*, 1972. ● OLNEY, J. *The Rhizome and the Flower*: The Perennial Philosophy, Yeats and Jung. Berkeley: University of California Press, 1980. ● HOELLER, S. *The Gnostic Jung and the Seven Sermons to the Dead*. Wheaton: Quest, 1982.

424 No *LN*, esse parágrafo começa apenas com: "Ouvi:" (p. 508). Sobre o significado dos *Sermones* que seguem, Jung disse a Aniela Jaffé: "Essas discussões com os mortos eram o prelúdio ao que eu queria contar ao mundo. Seus conteúdos antecipam meus livros posteriores. Ao mesmo tempo e daí em diante, eu tinha um senso muito mais claro dos mortos como a voz do não respondido, não resolvido, não remido. E visto que o mundo em minha volta não me apresentava tais questões ou exigências, de como resolver essas questões, elas me vieram dos mortos. Mas os *Septem Sermones* são apenas *um* caso em que os mortos apresentam as perguntas decisivas aos vivos. Isso me surpreendeu muito, já na época, e ainda mais hoje. Supõe-se que os mortos têm conhecimento, que eles sabem mais do que nós. Mas, evidentemente, eles só sabiam o que sabiam na hora de sua morte e nada mais; daí a necessidade dos mortos de aproximar-se repetidamente da vida a fim de participar na vida dos vivos. Então é muito sensato, por exemplo, que, na China, todos os eventos importantes que ocorrem numa família sejam relatados aos espíritos ancestrais. Sinto muitas vezes e experimentei com frequência que os mortos estão diretamente atrás de nós, aguardando nossas respostas e como respondemos à vida" (MP, p. 258-259). Durante a descida de Cristo para o inferno, ele pregou aos mortos. A descida de Cristo para o inferno exerceu um papel importante na camada dois do *Liber Novus*. Cf. *LN*, p. 167. ●

O nada é o mesmo que a plenitude. Na infinitude, o cheio é tão bom quanto o vazio. Nada é vazio e cheio. Igualmente, podeis dizer algo diferente [193/194] sobre o nada, por exemplo, que é branco ou preto, ou que não existe ou que existe. Um infinito e eterno não possui qualidades, pois possui todas as qualidades.

Chamamos o nada ou a plenitude de pleroma. Lá, cessam pensar e ser, pois o eterno e o infinito não possuem qualidades. Nele não existe ninguém, pois ele seria distinto do pleroma e possuiria qualidades que o separariam como algo do pleroma.

No pleroma há nada e tudo. Não vale a pena refletir sobre o pleroma, pois isso significaria: autodissolução.

A criatura não está no pleroma.[425] O pleroma é o início e o fim da [194/195] criatura. De certo modo,[426] ele a envolve, ele a impregna, assim como a luz do verão impregna o ar por toda parte. Mesmo que o pleroma nos perpasse, nós não estamos no pleroma, pois, na verdade, não temos parte nele,[427] assim como um corpo perfeitamente transparente não se torna claro nem escuro através da luz que o impregna.

Mas nós somos pleroma, pois estamos contidos no eterno e infinito e somos parte dele.[428] Mas não temos parte nele, antes estamos infinitamente distantes do pleroma, não em termos espaciais ou temporais, mas em termos essenciais, já que somos distintos do pleroma como criatura limitada em tempo e espaço.

SHAMDASANI, S. "Descensus ad infernos: la saison en enfer de C.G. Jung". In: ALLEART-BERTIN, E. (org.). *Danger et nécessité de l'individuation*. Bruxelas: L'arbre soleil, 2016, p. 27-76.
425 "mas em si" foi acrescentado aqui no *LN* (p. 449). Em *Tipos psicológicos*, Jung descreveu o Tao como "ser criador que fecunda como o pai e dá à luz como a mãe. É o princípio e o fim de todos os seres" (OC 6, § 412). A relação do pleroma de Jung e o Tao chinês é discutida por Maillard (*Au coeur du Livre Rouge*, p. 75). Cf. tb. PECK, J. "The Visio Dorothei: Desert Context, Imperial Setting, Later Alignments", p. 179-180.
426 A cláusula precedente não foi reproduzida no *LN*.
427 No *LN*, as duas cláusulas precedentes foram substituídas por "criação não tem parte nisso" (p. 510).
428 Em vez disso, *LN* diz: "Somos, porém, o próprio pleroma, pois somos parte do eterno e infinito" (ibid.).